El Mocho

José Donoso

El Mocho

ALFAGUARA

© 1997, **José Donoso**
© De esta edición:
1997, **Aguilar Chilena de Ediciones, Ltda.**
Pedro de Valdivia 942, Providencia,
Santiago de Chile

- **Santillana, S.A.**
  Juan Bravo 38, 28006 Madrid
- **Aguilar, Altea, Taurus, Alfaguara, S.A.**
  Beazley 3860, 1437 Buenos Aires
- **Editorial Santillana, S.A. (ROU)**
  Javier de Viana 2350, (11200) Montevideo

ISBN: 956 - 239 - 027 - 6
Inscripción Nº 99.298
Impreso en Chile/Printed in Chile
Primera edición: abril 1997
Tercera edición: agosto 1997

Diseño:
Proyecto de Enric Satué
Cubierta:
La borrasca (detalle),
óleo de Lucien Lévy-Dhurmer

Último gesto del narrador *full-time*

El Mocho, la última novela que José Donoso entregó a sus editores, tiene su origen en un viaje que el escritor hizo, a comienzos de los años 80, a la zona minera de Lota. Alternada a lo largo de los años con otros proyectos, su escritura avanzó en tramos irregulares, dispersos pero recurrentes, hasta que en 1996, ya muy débil, el novelista dio por concluido el libro. Es un relato en que el mundo de los mineros del carbón funciona como un fondo sobre el cual Donoso proyecta sus antiguas, alucinadas obsesiones: los vasos comunicantes, clandestinos, perversos e inevitables, entre la aristocracia y la marginalidad, por ejemplo, o bien las genealogías ambiguas, la identidad voluble, el disfraz, la obligada simulación.

Donoso era lo que podríamos llamar «un escritor a tiempo completo»: su existencia se veía totalmente permeada por la literatura, o más concretamente por el acto mismo de la escritura, y hablar con él, conocerlo, recorrer las habitaciones de su casa, era ponerse en contacto con lo que fue una opción existencial inequívoca, apasionada. También la construcción de una identidad: algo así como labrar para sí mismo la más genuina máscara.

Pero el novelista a tiempo completo es a la vez amo y esclavo de su escritura. En los últimos tiempos, cuando la enfermedad lo debilitaba día a día, resultaba conmovedor verlo empeñado hasta el final en continuar su trabajo, a pesar de que no podía tener la energía de antes. Donoso subía, a veces muy penosamente, hasta su estudio del tercer piso, para teclear allí siempre una línea más, otro ángulo en ese espejo oblicuo e irónico de la realidad que constituye su obra. Es este empecinamiento en seguir navegando sobre las páginas, escena a escena, diálogo a diálogo, mientras su cuerpo parecía varado en la inmovilidad y el mundo real transcurría ante sus ojos, lo que nos hace reconocer en Donoso a una suerte de héroe solitario. No en vano circuló muchas veces entre sus amigos la idea de que era esta voluntad de escribir lo que lo mantenía vivo más allá de sus fuerzas.

Su dedicación absorbente a la escritura lo impulsaba además a examinar los mecanismos íntimos del oficio, los engranajes más o menos inconscientes, a menudo irracionales en apariencia, que desencadenan una ficción literaria a partir de la experiencia —física o mental, o ambas—: Donoso escribe y a veces, al escribir, está preguntándose qué, cómo y por qué escribe.

Es a veces, porque sólo en algunos casos el diálogo interno acerca de cómo se articulan la imaginación, los dedos y la página en blanco quedaba explicitado como un aspecto más del relato. Pensemos en *Taratuta*, o en *Conjeturas sobre la memoria de mi tribu*, donde la pluralidad de versiones posibles para una determinada intriga es parte orgánica de la narración.

La curiosidad por la gestación «doméstica» de una ficción literaria no es, por cierto, exclusividad suya, ni ha sido Donoso el primer escritor en utilizar esas vacilaciones, esos avances, retrocesos y reformulaciones de un mismo suceso, como elementos estéticos, expresivos, de una narración. Pero sin duda es un rasgo que le dio, sobre todo en los últimos años —cuando dirigía su célebre taller de narrativa en la mansarda que le servía de estudio—, una marca particular a su trabajo creativo: es como si hubiera tenido una conciencia *activa* de los artificios —y por lo tanto de la relatividad, aun dentro del texto— involucrados en la creación de una novela.

¿Cómo operó esta actitud en la elaboración de *El Mocho,* novela en que se entrecruzan y encadenan las historias de diversos personajes, y donde los sucesivos legos de un convento —los *mochos,* categoría ínfima entre los religiosos— están emparentados no sólo por lazos de sangre más bien indirectos o difusos, sino por su irrefrenable tendencia a la degradación, la fatalidad o el delirio? Ciertas ambivalencias, cierta fantasmagórica sensación de duplicidad, por ejemplo, en la percepción del transcurso del tiempo en relación a la secuencia de los hechos narrados, o en lo que puede leerse, en algunos pasajes, como inexplicados cambios de óptica, ¿qué señalan a fin de cuentas? Último guiño de la máscara o gestos vertiginosos del juego final: tal vez el único que pudiera saberlo con verdadera certeza sea Chiriboga, el ubicuo, pero (irónicamente) él es, como Donoso, inencontrable.

Marcelo Maturana, Editor
Santiago de Chile, marzo de 1997

El Mocho

Para Agata Gligo

Primera parte

El Chambeque

1

Fue metiendo la ropa vieja de su padre en una caja que encontró en el basural: pantalones rajados, calcetines huachos, una camiseta tiznada, un gorro de lana, junto a sus documentos de identidad y la foto donde abrazaba a la Elba en la plaza de Lebu, tomada poco antes de que él naciera. Se veía rellenita con él adentro, calentita, no vacía. Blanqueó la caja: ¿para qué pintarla negra si era su recuerdo no más lo que iban a enterrar? Y con azarcón escribió en la tapa y en el rótulo, con una cruz, *Antonio Alvayay Medina,* que era el nombre de su padre.

Que le dijeran al chiquillo que ya estaba bueno, renegaba don Iván alzándose sobre su codo en la cama. Toño me irrita, lloriquea tanto, anda escarbando por todos los rincones a ver si encuentra más cosas que meter en su maldita caja. Todo esto era un ardid, un juego de la Elba. Ella se lo metió en la cabeza, contándole que bastan el nombre del finado, su retrato y un poco de ropa que haya estado cerca de su cuerpo y conserve sus olores, para sepultar a alguien. Lo decían los pescadores de antes cuando alguien naufragaba en alta mar y no se podía rescatar su cuerpo. Antonio no era pescador, alegaba don Iván, las flemas de su tos rabiosa desdibujando sus palabras y tumbándolo en el jergón.

El niño piensa, mientras busca más cosas que echar en su caja insaciable, que quedar sepultado en el fondo del Pique Grande con los otros cinco barreteros muertos no es lo mismo que quedar sepultado con su nombre y una crucecita de madera en un lugar defini-do. No busques más, Toño. Pero buscas y buscas por-que tienes terror de que tu pensamiento no alcance a tocar a tu padre, a mi marido, en las tinieblas de la mi-na. Igual a los hijos de los pescadores que no podían encontrar el cuerpo del padre desaparecido en el mar, tan hondo y tan incierto y de noche tan oscuro como la mina. Después de que el estallido destruyó quién sabe cuántos kilómetros de galerías, me di cuenta de que los rumbos de la mina habían confundido el pensamiento de Toño. Giraba y giraba, y mareado no sabía qué direc-ción tomar. Entonces recordé esta pequeña ceremonia de mi niñez para que Toñito no siga tan perdido. A mí me irrita igual que al abuelo su insistencia quejumbro-sa en que tiene pena porque no habrá sepultura para su padre, como si eso fuera lo esencial, lo único impor-tante. Se me ocurrió que darle esta otra sepultura, la de juguete, la de mentira, le servirá por lo menos para pensar a su padre en un sitio fijo —así le dije para con-solarlo— y para sentirse igual que la gente normal. An-tonio siempre insistía: nos salió llorón y fantasioso este chiquillo, qué le vamos a hacer, no servirá para trabajar en nada cuando sea grande, ni en la pesca, ni en la mi-na, ni para tumbar árboles y definir la línea del tren. Pero cuando alguien suba las lomas de Chivilingo que miran hacia la bahía de Arauco por encima del pinar, verá las tumbas polvorientas con sus cercos de palitos blancos o malva en los cerros pelados, y cuando lea el letrero que pintó Toño y vuelva a bajar al pueblo, podrá decirle cuando se encuentre con él:

—Oye, vi la tumba donde pusieron a tu papá, Toñito...

¿Se quedará tranquilo con eso?

Fue idea mía sepultarlo en ese cementerio, aunque era minero. Le dije al niño: tu papá no se va a quedar solo en ese lugar de pescadores, pues el recuerdo de tu otro abuelo (mi padre pescador y creyente que hablaba de milagros y de San Pedro, no como este abuelo malo que no sabe más que predicar huelgas y rebeldías) está allá en Chivilingo, porque no se encontró su cuerpo. A veces jugaba a la brisca con tu papá sobre un cajón volcado encima de las conchas delante de la puerta de la casa en la caleta. Pero fue Toño el que dijo, como si fuera comunista: ¿por qué no va a ser una buena manera de sepultar también a los desaparecidos en otras desgracias, como los que perdieron la vida debajo de toneladas de escoria en el derrumbe de una mina?

El abuelo agarró su idea y la proyectó:

—¿Sólo tu padre? ¿Sólo los barreteros? ¿Por qué no enterrar así también a todos los desaparecidos, a los que se llevaron los generales para matarlos sin dejar huellas y tirarlos al mar o en fosas que nadie sabe dónde están?

Envuelto en su manta junto a la romana donde pesamos el carbón que traen los chinchorreros, el abuelo quedó apagado como un cadáver, pero al que le hubieran dejado los ojos encendidos. Dormitó un cuarto de hora antes de despertar vociferando que le alcanzaran la libreta de anotar el carboncillo, no se lo fueran a robar; que le sirvieran un plato de caldillo de jurel bien caliente porque tenía los huesos azules de frío, a pesar de la fiebre, aquí en su choza del Chambeque, demasiado cerca del mar y de los árboles del Pabellón. Al sentarlo en la cama para ponerle el plato delante mientras su boca harapienta, de barba y dientes amarillentos, sorbía la sopa, su mano alucinada acarició mis nalgas. Y yo dejé que su mano de muerto se consolara un instante en mi vida. Pero fue un instante. Después me aparté con el mismo gesto de fastidio de siempre.

No pude hacer callar al abuelo cuando me devolvieron al niño del Hogar. ¡Cállate, chiquillo de mierda! ¡No chilles más! Nos habíamos librado de tus mañas consiguiéndote plaza en el Hogar, en la ciudad, lejos de aquí, y ahora vienes a llorar por la tontería de que Antonio no va a tener un funeral como Dios manda. ¡Lloriqueando por lo del sepelio! ¡Como si eso fuera lo más importante que tuviéramos que afrontar!

El niño ve a su abuelo solo, febril, débil, perdido en sus propios sueños, y le contesta: si no hay cuerpo, no puede haber funeral. ¡Que lo entierren junto a mi otro abuelo, para que su alma no se quede rondándonos, confundida con las almas de los vivos! Y cuando oyó lo de todos los desaparecidos, ni Toño ni yo respiramos, porque fue igual que si el abuelo se hubiera quedado pensando con tal potencia que nosotros, fuera de su cabeza, oíamos crepitar la hoguera de adentro.

Afuera de la puerta entornada de la choza, la Elba revuelve el caldo de jurel sobre unas brasas en la arena, cerca del tumulto de las olas al final del día. Escucha los retazos del sombrío delirio del viejo: avanza el desfile con las cajas... ¿Cuántos desaparecidos en el pueblo? ¿Cincuenta, sesenta... cien...? Y cien madres y cien hijos y cien amigos marchando para protestar frente a la puerta de la Empresa... el ataúd de Antonio a la cabeza...

Lleva la escopeta de cazar, Elba, me mandó el abuelo, aunque esté mohosa. Y mandó a Toño a que corriera hasta el pueblo para llamar a esos chiquillones. ¿Cómo se llaman? Tú los conoces, el padre era clandestino en mi sindicato. Que lleven palas y chuzos,

díles que yo les mando que vayan a los cerros de Chivilingo a hacer hoyos para las tumbas. Y mientras el puelche soplaba y hacía lamentarse a los pinos de la Empresa, los chiquillones cumplieron las órdenes del abuelo.
Él convocaba entretanto a sus incondicionales, los pocos que lo recordaban de tiempos mejores, para expo-
ner sus planes, surgidos de las lamentaciones de su
nuera y de su nieto.

—Raro les salió el chiquillo —comentaron luego los mineros al dispersarse—. Claro que el viejo siempre ha sido harto raro él también...

2

El abuelo está demasiado enfermo para darse cuenta de que mi madre y yo salimos de la choza llevando la caja. Lo veo agotado, como si en estos días lo hubiera dicho todo, gritándonos, amenazándonos, todos nos vamos a morir, ustedes también. Una muerte como la de Antonio en el derrumbe del Pique Grande es un destino que no descarta ningún minero, así es que no se vayan con el cajón de Antonio a Chivilingo; esperen a que se organice el desfile, con Antonio a la cabeza para que su muerte no haya sido en vano.

No le hicimos caso. No está nunca completamente despierto, ni sano. Casi no se puede mover de su cama porque tiene los pulmones podridos por sesenta años de trabajo y tabaquismo, arropado como un muerto en su manta pesada de humedad y áspera de arena. Ya no le quedan fuerzas para organizar nada, aunque en el pueblo se está hablando de una romería hereje. Pero la mayor parte de la gente no se acuerda de sus actuaciones, o jamás ha oído hablar de él: los comunistas de ahora son distintos a los de antes. Ya no gritan. Ya no hablan golpeado.

No quiero esperar, abuelo; quiero que en el Juicio Final, en el que usted no cree, mi papá aparezca conmigo de la mano para desmentir los rumores de que él me mandó al Hogar porque nadie en la casa me soporta. No, abuelo, no vamos a esperar ningún desfile: que sea mío no más este funeral, un juego en que mi mamá consintió como en otro de mis caprichos. No quiero que sea más que un juego.

* * *

Esperan un crepúsculo cerrado por nubes para que los proteja desde antes del anochecer, y así la gente del pueblo no identifique sus sombras. Dan una vuelta por la periferia del pueblo, abigarrado pese al cielo sucio y al tizne del carboncillo ya secular, y descienden otra vez, más allá de la casa de la Bambina, pasado la caleta donde la Elba nació, para tomar la línea recta del tren que se dirige hacia el sur por el borde de la playa. La Elba prefiere esta ruta más larga porque ya no le quedan fuerzas para enfrentar la hostilidad de las mujeres si cruza el pueblo... aunque la tarea cotidiana de sobrevivir las haya aplacado, y el odio con que la atacaron irreflexivamente en el primer momento —¡como si yo no hubiera perdido a nadie!, piensa la Elba— se esté transformando en un perdón borroso, también irracional.

No se mueve el aire. Un barco traza el horizonte del mar, a esta hora tan clemente. La Elba espera a llegar al roquerío de la playa de Chivilingo para empezar el ascenso a través del pinar. Me duele todo el cuerpo donde me pegaron, Toñito; mira, tengo los brazos negros de moretones debajo del chal. Al principio creí que las mujeres me buscaban para compartir mi pena: mis amigas, mis vecinas de toda la vida. Pero cuando me descubrieron encogida en la sombra, vieron mi culpa escrita tan nítida en mi cara que eso les dio derecho a azotarme, a tirarme piedras, primero una, después otras, después todas, y a castigarme con sus puños. Me arrancaron de la oscuridad arrastrándome de la ropa, del pelo; pude desprenderme y huir por la rampa que se cimbra. Ellas venían corriendo detrás de mí, con sus chales volando: criminal, tú los mataste, tú los mataste a todos, puta de mierda... Eso me decían, aunque todas saben que jamás fui más que de Antonio. Persiguiéndome enloquecidas, hambrientas, listas para descuartizarme. Huyo por las escalerillas de fierro, gateo hasta las bateas de lavar carbón, perdida en las pasarelas y los pasadizos y la maquinaria ensordecedora que no se detiene ni de día ni de noche, chimeneas negras, fierros, codos enhollinados, montañas del mineral negro que demasiado bien conozco, y la pesadilla de las cintas sin fin que lo transportan y lo vuelcan: voy a caer con el carbón volcado que me engullirá. ¡Que la Elba pague todas estas muertes! ¡Ella rompió la principal ley de la mina y bajó adonde ninguna mujer puede bajar sin producir un desastre! Me persiguen aullando por pasadizos menos tenebrosos que otros pasadizos que conozco, el trarilonco de plata de una mapuche patipelada tintineando, matarme porque yo maté, aunque no haya matado a nadie, ni quise matar, no puedo, no pude...

3

La Elba le dice a Toño que no sabe por qué está tan cansada esta tarde. Descansan un momento en la roca mirando el mar, antes de emprender la ascensión. Sentada, se arreboza con su chal. De un tirón se arranca el pañuelo que le contiene el pelo, volcando el mineral de su melena encabritada, más vigorosa que ella misma, nidal de víboras que le absorben toda su vitalidad con su enigmático crecimiento de matorral, de zarza. Es un profundo continente de mina cuyo brío la agota, cuya monotonía la debilita, la larga cabellera caliente que le hacía sudar el cuello cuando desplegaba para Antonio esa bandera negra del amor: allí incursionaban sus dedos, su aliento terrible, en la casa donde ahora ya no viven porque en los días que siguieron al derrumbe las vecinas garabatearon insultos en su puerta, rompieron vidrios, arrancaron tablones de los tabiques, desterrando a ese despojo de familia, condenándolos a vivir en una choza disimulada en la ingle que separa el cerro de escoria de la península donde don Arístides vive rodeado de la presumida vegetación del parque.

—¿Por qué se suelta el pelo, mamá?

—Para que se me termine de secar.

Es indecente que mi mamá se suelte el pelo, que se exhiba así. Rara vez suelta impúdicamente su intimidad, aunque hoy nadie más que yo la admira. Sólo nosotros, los de la casa, conocemos su alboroto. Y

don Arístides, claro. Cuando ella se lava y se seca el pelo en la playa, él la espía con su catalejo desde el promontorio del parque. Ayer mi mamá me mandó a subir al pueblo a traerle agua dulce para lavarse el pelo y
estar lista para esta ocasión funeraria. Busqué un surti-
dor en una esquina embarrancada para llenar los bal-
des sin que nadie me molestara, y después corrí cerro
abajo. Se enjabonó el pelo en un balde y en el otro se
lo enjuagó. Después, desenredó ese volumen embebi-
do, que goteaba sobre sus hombros. La vi de espaldas,
sentada en la arena frente al mar, mirando el sol que
caía, esperando a que pasara un barco de vez en cuando, hasta que el viento de Marigüeñu le secara el pelo
mientras ella pelaba papas para el caldillo de la noche.
Fue como si un extraño se lo acariciara: ella respondió
a esa caricia con un sacudón de su cabeza, como una
yegua que va a relinchar. Entre los magnolios y los aro-
mos del parque, al lado de allá de la hondonada, vi en-
cenderse el sol. Mi madre canturreaba muy bajito para él, porque estamos de luto. Alzó sus brazos de
nuevo para sacudirse el pelo, ofreciéndole los nidos
de vello debajo de sus brazos: como con chasquidos de
fósforos, pasa una y otra vez la peineta por su pelo que
se enrosca y desenrosca con brillosa vida propia, como
un canasto de pescados negros. En el parque seguía
prendido el reflejo del sol en la lente del catalejo. Era
don Arístides, el Mocho; yo lo sabía.

—¿Quién será? —pregunté.

—No sé, hijo.

Ella sabe que don Arístides está enojado conmigo porque no he ido a saludarlo desde que salí del
Hogar: lo sabe, lo siente todo.

—No me gusta el Hogar, mamá.

—¿Cómo decías que te gustaba?

—Es que si decía que no, se iban a enojar conmigo y me castigarían.

—¿Qué quieres hacer, entonces?

—Volverme para acá.

La Elba dejó pasar un poco de silencio.

—Espera... —murmuró después.

—¿Hasta cuándo...? —pregunté.

Sé que debo esperar hasta que el abuelo muera. No debe faltar mucho. El Mocho me explicó que me tengo que quedar allá en el Hogar para aprender a ser caballero. Pero no quiero ser caballero. Tampoco minero, ni pescador. Lo que quiero es vivir en el Pabellón del parque oyéndolo a usted, don Arístides, y que me cuente cosas.

Usted desprecia al viejo comunista de mi abuelo. Sin respeto por la gente decente que te da de comer, le dice, tienes las rodillas deformadas por la artritis, pero te deben pagar una buena pensión por tu famosa artritis que seguro no es más que una mentira, viejo sinvergüenza. Crees que todavía mandas aquí porque mandabas antes, cuando fuiste dirigente, pero eso era cuando las culebras andaban paradas, y ya nadie se acuerda de ti porque eres del tiempo de los politiqueros, que igual que tú no eran más que basura. No le hagas caso a tu abuelo, Toño, continúa don Arístides, aunque diga que soy un vendido. Está condenado. Óyelo toser. Mira cómo escupe sangre. No te importe que insulte a tu mamá, que es más gente, más señora de lo que fue su marido, más gente que él. Sus insultos no valen nada: ya ves, los gritos de unas pobres mujeres ignorantes lo hicieron huir de su casa en el bloque Mackay para refugiarse en su choza del Chambeque.

* * *

El niño se acurruca en el cuerpo de la Elba porque tiene frío. Anoche el abuelo, que no podía dormir porque los moribundos le tienen miedo al sueño, hizo que Toño se pasara a su camastro para que lo calentara, y le dijo que en el cementerio de Chivilingo no se congregan las ánimas, como la gente cree, porque las ánimas no existen. Acuden a ese lugar, eso sí, los prófugos que se ocultan en el monte para que no los tomen presos los militares, ni los torturen como a sus compañeros; o pobres clandestinos que acuden a una cita con sus mujeres solitarias para aliviar el corazón demasiado tiempo seco, o para enviar mensajes a los compañeros, de modo que sepan que no quedaron solos. Hay que transformar ese tranquilo santuario del recuerdo en un sitio de protesta ruidosa si queremos que las cosas cambien como dicen que van a cambiar, sueña el abuelo en su angustiosa noche de enfermo: hay que hacerle las cosas difíciles a la Empresa con la romería de los ataúdes falsos... ya deben estar avisados todos en el pueblo; hay que avisarles a los que se esconden en los bosques, entre los quillayes y los boldos, y a los que viven protegidos en las rucas de algunos indios amigos.

Toño despierta con el puelche que ruge en las cumbres de Marigüeñu antes de lanzarse, mugiendo, al mar. ¿No oyes, le pregunta el abuelo, cómo están llamando para que les lleven plata o comida? ¿O noticias de sus compañeros de fila, más anheladas que la comida? ¿Cómo no vas a oír la voz del cacique de Trincao, el que venía a saludarme a veces, clamando por su primogénito, barretero como tu padre? Una noche fueron a buscarlo en un furgón y no apareció nunca más, pese a los abogados que contrató el cacique, que dicen que ahora se ha hecho rico... ¿Será por eso que ya no viene a verme? Ellos son los que nos llaman; todo el pueblo está dispuesto a ir a la romería. Con la caja de tu padre a la cabeza, se transformará en una manifestación política, como debe ser.

* * *

La Elba, sentada en la roca, le advierte a Toño:

—Mejor que no le cuentes a don Arístides lo de la manifestación.

—¿Por qué?

—Porque don Arístides es empleado de la Empresa y cuenta todo lo que oye por ahí.

—Pero usted lo quiere.

—¿Quién dijo que lo quiero?

—Yo... en el pueblo lo dicen todos...

—¡Qué tontería! Hace más de diez años que no hablo con él, y cuando uno quiere, habla.

—Pero él la mira desde el parque.

—No es lo mismo.

4

Ven dibujarse sobre las ramas del parque, allá lejos, hacia el norte, el minarete que agracia el Pabellón. Más acá, el larguísimo ciempiés del muelle se estira sobre el océano. A esta hora queda oculta hacia el norte, entre la península del parque y la colina de escoria excretada por un siglo de explotación de la mina, la hondonada donde están viviendo: la colina de tosca se desplaza lenta y tibia, como el cuerpo de un dragón resbaloso cuyos vapores enredan los fierros de las maestranzas y esa gigantesca polea que permite bajar el ascensor con cien hombres hasta el fondo de la mina, en un entrevero de fierros negros y cintas y escaleras y enormes ruedas, como la silueta de un Luna Park de pesadilla.

Mira, hijo, le dice la Elba a Toño, señalando el horizonte: va a comenzar a oscurecer. Y calla. El pueblo sobre los cerros comienza a iluminarse. Las luces trazan las calles, se encienden las ventanas miserables, el farol anaranjado de un bar invita a entrar a los que tienen plata o crédito. No vuelvo al pueblo porque allá se magnifica mi poder de destrucción, piensa la Elba. No soy poderosa: todos saben que es una superstición de los mineros que la mina sea una hembra celosa de cualquier mujer que baje a sus profundidades. Mina-hoyo, mina-hembra, mina-sexo, mina-útero, mina-diosa, mina-puta, mina-madre: mantiene doblegados a los obreros, que la temen y la odian y no pueden alejarse de ella ni de este pueblo que los alimenta miserablemente.

Están anexados al sexo negro, y al cavar van dejando allí sus vidas esos hombres desnudos, tiznados, sudados en las galerías que se extienden diez kilómetros bajo el mar, arrodillados junto al rompimiento de carbón que con dinamita arrancan del interior del organismo donde quedan sepultados.

La Elba sabe que tendría que estar loca para postularse como rival de este continente subterráneo y prohibido. Toño le tiene miedo. Una vez, sin que usted, mamá, lo supiera, mi papá me llevó a mostrarme la mina: mira, Toño, la mina es tu destino; en ella vas a desarrollar tu vida. Y al final de muchas galerías los vi, obscenos, agotados, desnudos, abrazando el mineral más reluciente que sus músculos, acezando, robándole un poco de oxígeno al aire avaro. ¡No quiero ser como ellos! Y con mi padre y cien hombres sumidos en el silencio de la derrota volví de regreso a la superficie, en la jaula. Todos quedan marcados por el trabajo, mamá. El abuelo está marcado: la espalda blanca, la nuca blanca donde nunca le volvió a crecer el pelo desde que, en un estallido de grisú, tuvo la entereza de echarse boca abajo sobre el suelo al oír la detonación, medio segundo antes de que la lengua de llamas, hambrienta de oxígeno, pasara lamiéndole la espalda. Por eso se hizo famoso el abuelo. Pero ahora nadie lo recuerda.

La Elba reza una avemaría pulida por el uso diario desde la infancia. Así le agradece a la Virgen por no regresar al bloque Mackay hasta dentro de unas semanas. El tiempo del recuerdo es corto, y en el exilio del Chambeque se podrá ordenar antes de volver a su vida anterior. Quizás la bendita monotonía femenina, que sólo nos permite repetir el mismo gesto de siempre, me conceda sentir un espacio de verdadero dolor por la muerte de Antonio, no sólo esta confusión, y por fin sea capaz de encontrar el llanto que todavía anhelo y que, al no fluir, me deja seca. Quiero volver a bajar en la mañana al laberinto vociferante del mercado donde me crié junto a mi madre vendiendo congrios y jureles, canastos babosos de ulte y luche y cochayuyo, corvinas plateadas cuando los pescadores están con suerte, y jaibas remadoras. Miraré a las mapuches enlutadas que se instalan coronadas de plata en sus tronos de cilantro repetidamente rociado para conservar el frescor, oiré a los pregoneros que se rodean de cerros de fruta o de zapatos de plástico que mi madre trocaba por bolsas de piures y cuelgas de cholgas, y chismearé con las demás mujeres que padecen la misma diaria penitencia del lavadero. ¿Soy distinta de ellas? No, no lo soy.

A Toñito, en el Hogar, le iban a enseñar un oficio ajeno a la mina y al mercado: a cortar árboles, a comerciar con ellos, quizás, o qué sé yo qué. Lo entenderán mejor que nosotros, que tenemos tan pocas vidas entre las cuales elegir. Es cierto que ya no está Antonio para pelearnos porque el niño llora cuando él, su padre, lo acusa. Yo lo defendía. Y cuando Antonio lo zamarreaba y yo le gritaba que estaba haciendo un infierno de mi vida, el niño huía adonde Arístides, y entonces yo tenía que mentirles al abuelo y a Antonio para que no lo castigaran por irse al parque, que es de la Empresa. Desde la choza, en la noche, diviso al Mocho con su linterna recorriendo todos los rincones del parque, la laguna, el valle de las hortensias, el invernadero, la glorieta sobre el mar, comprobando que ningún turista se haya quedado dentro, rezagado después de la hora del cierre de la propiedad de los Urízar. Va armado con una varilla y dicen que con una pistola. A veces me desvelo en la noche en los brazos de Antonio, satisfecho y dormido, y salgo a mirar la luz de don Arístides moviéndose entre los árboles. A veces lo veo. Otras veces no, porque ya es demasiado tarde. Se ha ido a la casa de la Bambina para servirles cerveza y vino a los mineros y a las mujeres de la casa con las que a veces bailan.

5

Está demasiado oscuro para emprender la ascensión a las lomas de Chivilingo. Pero comienzan a subir de todos modos, ya que han llegado hasta aquí, entre los falsos ecos del pinar, resbalándose en las agujas del faldeo. Una telaraña atrapa la cabellera táctil de la Elba, no chille, mamá, no fue nada malo, usted está asustada pero subamos a sepultarlo para ponerle la cruz anunciando su nombre encima de la tierra, y entonces, cuando esté debajo, todo el mundo se olvidará de nosotros y podremos ser lo que de veras somos.

Rezan un salve antes de bajar de nuevo, muy rápido, porque tienen miedo de quedar atrapados en la noche. Abajo todo está negruzco, como si acabara de pasar el tren a Curanilahue dejando todo teñido con humo.

Entre los rieles, el regreso es fácil porque el terreno está aplanado. El niño ruega que no se apresuren. Sí, ella también está cansada, pero no quiere volver todavía a la choza ni a nada de lo que ha dejado allá: ni a la romana esclavizadora, ni a los antojos del abuelo... ni tampoco a la luz de la linterna paseándose por el promontorio en busca de malhechores ocultos, para castigarlos por trasgredir la ley de los Urízar.

Al otro lado de la línea del ferrocarril la espuma bosqueja volutas en la playa. Quedan todavía dos chinchorreros, parados en el único trazo luminoso de mar. El viento viene templado. Mañana va a llover. O esta noche. Vuelan pájaros en la región de tinieblas sobre la cabeza de la Elba, que peina su melena para quitarse las agujas de los pinos. Apresura el paso por la línea del tren, tomando a Toño de la mano: ¿son pájaros los que vuelan por encima de mi melena? Chilla con un siseo el enjambre repentino, de vuelo anguloso y torpe: volar es una función ajena para estas criaturas que no pertenecen al dominio del aire.

—¡Cuidado, mamá...! —grita Toño, prendiéndose de su pollera.

—Fumaría... dicen que eso los espanta...

Se detiene un segundo para palparse entera.

—Se me deben haber quedado en la roca antes de subir —dice casi llorando, y el niño la palpa también, urgido por los murciélagos desmañados que silban cada vez más abajo.

Echan a correr por la línea del tren hacia el pueblo, agitando los brazos sobre sus cabezas para espantar a los bichos que vuelan demasiado cerca. Un ser velludo choca contra mi mano y la rasguña y grito, se adhiere a mi codo y me detengo y manoteo; sácamelo del chal, Toño. Pero el niño solloza, no puedo sacárselo porque usted manotea para defenderse del enjambre que la persigue, los murciélagos rozan su frente, el niño quiere huir, se meten en el matorral de su pelo que los enreda con sus tentáculos, los siento revolverse, aterrados, chillando, para escapar de mis manoteos inútiles y grito sácamelos, no quiero tocarlos, y corro, y tropiezo al pisar la punta de mi chal denso de murciélagos, sácamelos, por Dios, Toñito, yo no hice nada malo, grito tirada en el suelo con mi champa viva, pero el niño no me oye, sordo con los latidos de su propio corazón. Me dan miedo, mamá, y asco. ¡Sácamelos del pelo! Son bichos del infierno: helados, resbalosos, no quiero meter mis manos en el pelo de mi madre porque se mean y se cagan y tienen infecciones, ¿cómo quiere que se los saque si patalea como una loca en el suelo? Se acercan los chinchorreros que desde la playa la oyen gritar: que se los saquen los chinchorreros, que son grandes y no tienen miedo porque no creen que sean animales del infierno, no les importa que sean velludos y fétidos. Tranquila, Elba. Te los estamos sacando. No menees la cabeza como una loca: metemos las manos en tu espesura podrida, pero no llores, Elba, nuestras manos están sacándotelos como si fueran garrapatas o liendres, se agarran de tu casco con dientes diminutos, con uñitas que rasguñan, pegan pestes, siento que laten mil corazones en la oscuridad de mis mechas, y de las mechas la sujetan los chinchorreros hincados junto a ella, escarban haciendo muecas de asco y lanzan lejos a los murciélagos, que se van volando esquemáticamente hasta perderse en la noche que les pertenece.

—Ya —dicen los chinchorreros acezando, acezando la Elba, acezando el niño encogido para que esos bichos más pesados que el aire no lo ataquen. La Elba se pone en pie dificultosamente. Dice:

—Quiero lavarme la cabeza.

—Cuidado —le advierten los chinchorreros—. Está mala la mar.

La Elba corre rocas abajo, salta a la playa y se lanza al mar helado. Se mete en el agua hasta la cintura, el chal navegando, la pollera inflada. Hunde la cabeza en el mar y los dos chinchorreros se la refriegan en la salmuera. Toño espera más lejos, sentado en la playa. De vez en cuando grita:

—Vamos, mamá, está casi oscuro.

Los chinchorreros se alejan para seguir sacando carbón del agua con sus redes negras. La Elba sale del mar chorreando agua salada y lágrimas y mocos, y va a sentarse junto a Toño. Arcadas, toses, tiritones, sollozos, vámonos para la casa, mamá. Hipos de frío y de miedo. Por la cara le corre el agua fétida a esos bichos del infierno, como si su pelo fuera la cueva más oscura de la noche. Yo no tengo la culpa, balbucea. No tienen por qué castigarme. No hice nada malo. Soy mujer y por eso los murciélagos me confundieron con su cueva, no tengo la culpa de que la mía se haya derrumbado sobre tantas vidas. No, mamá, no llore, no fue culpa suya. Todos saben que ésas son supersticiones. Si sé, hijo, ¿pero cómo no voy a tener miedo si me eligieron a mí como nido? Toma la peineta, Toño, le digo, y me siento en la arena frente a lo que va quedando de crepúsculo, dándole la espalda a mi hijo, que también tiembla, y le digo otra vez:

—¡Péiname!

—Si se queda tranquila.

—Ahora sí, ya no lloro. ¿Ves...?

El pelo mojado le cuelga por la espalda casi hasta la cintura, compacto como una lámina de fierro. Toño hunde la peineta. Al deslizarla por las greñas le parece tocar un nudo furtivo que palpita aunque trata de ocultarse. Algo late aquí, mamá. Algo se va a mover. ¡Son muchos, un racimo que no quiere soltarse...! Es mentira, Toño, eres un chiquillo malo y mentiroso que me quiere meter miedo. ¡Mentiroso!, le grita la Elba, y el niño, parándose, le grita de vuelta: ¡endemoniada, maldita!, y lanza lejos la peineta y huye por la línea del tren. Lejos de su madre, que le está gritando: Toño, Toño, no nos has dejado vivir con tus mentiras y ahora quieres volverme loca, vuelve, ayúdame. Pero él se queda lejos, mirándola revolcarse en la arena y enmarañarse el pelo para secárselo. ¡No te vayas! ¡Ayúdame! No, mamá, no quiero tener nada que ver con esa loca que se revuelve el pelo y llama a los murciélagos, que vuelven a congregarse sobre ella. Me voy, mamá, soy chico, creo en los demonios, y desde lejos, huyendo por la línea del tren, el niño oye los gritos de la loca debatiéndose en el agua otra vez porque él le dijo que había vuelto a tocar murciélagos en su pelo.

Segunda parte

La María Paine Guala

6

Que un magnate como don Leonidas Urízar, enrique-
cido con el carbón de las industrias decimonónicas,
convirtiera en un paraíso la península adyacente a sus
minas, y lo adornara mandando construir un palacio
morisco, pensando en una posible visita a los yaci-
mientos que solventaban su boato parisino, fue la rea-
lización de un sueño muy al estilo de una época.

No deja de ser curioso, sin embargo, que la familia jamás llegara a conocer su parque ni a habitar
ese fragmento de palacio que en la zona llaman «el Pabellón». Descontando elementos ornamentales perte-
necientes más a la arquitectura que al menaje —chimeneas renacentistas, balaustradas de mármol,
estatuas de fundición para distribuir por los jardines—, el edificio jamás llegó a terminarse, ni mucho
menos a amueblarse. La explicación aceptada para
tan recóndito proceder es que la esposa del magnate,
doña Natalia Guerrero de Urízar, principal promotora
de este capricho, falleció en París casi en la misma fecha en que atracaba en el muelle de Lota la nave que
esta dama hizo estibar en Europa con importantes piezas de ornato destinadas a ponerle un toque de mag-
nificencia a la propiedad, antes de comenzar su alha-
jamiento definitivo. Para este fin se tenía previsto el
viaje de un experto francés de gran renombre, viaje
que debido al deceso de la propietaria jamás se reali-
zó. El ingenuo magnate había soñado que sus hijas,

rubias —todos los Urízar son rubios, como tú, Toño—, pasearan en decorativos grupos bajo sus sombrillas por el valle de las hortensias, entre grutas simuladas, invernaderos y una lagunita con cisnes. Pero ellas prefirieron radicarse definitivamente en París. Se habían casado con títulos franceses que se enamoraron de estas exóticas bellezas, aunque el abuelo afirme que sólo se enamoraron de sus luises de oro. No valía la pena emprender un viaje de tanto esfuerzo, suspiraron ellas, con el único propósito de darle a papá el gusto de ir a apoyarse en la balaustrada de falsos troncos que circunda la glorieta, para contemplar los ocasos nacionales sobre un océano que, por muy inmenso que fuera, quedaba realmente demasiado a trasmano. Así, los descendientes del rudo minero que cumplió su fantasía de embellecer el lugar que le había proporcionado su fortuna, se establecieron en París con hijos, residencia y carta de ciudadanía francesa. Nadie de la familia volvió a ocuparse del Pabellón, que al fin y al cabo les había significado sólo el desabrido placer de proyectarlo.

Tampoco deja de ser enigmático para los vecinos del pueblo —y para los turistas que desean visitar el parque y ese fragmento arquitectónico de un proyecto grandioso, y que le compran la entrada a Arístides, instalado en el quiosco junto a la cancela— que el Pabellón mismo permanezca cerrado y nadie logre vislumbrar sus desmantelados ámbitos. Al atardecer, Arístides cierra la ventanilla del quiosco y, soplando el silbato que cuelga de una cadenita sobre su pecho, recorre el parque de extremo a extremo para expulsar del recinto a cualquier rezagado. Cuando todos se van —los turistas nunca son muchos—, parlamenta con los dos jardineros que se ocupan del parque. Ellos reciben el pago de la Empresa de manos de don Arístides, que luego cierra con su gran llave la reja custodiada por dos inmensas gárgolas de piedra. Entonces, lento, imponente, aindiado, la panza dura sostenida por un cinturón muy ceñido a sus caderas aún estrechas, don Arístides se desplaza hasta la glorieta y, antes de que la oscuridad cite a las falenas que acuden a chamuscarse en la llama de acetileno que a esa hora enciende, aplica el catalejo a sus ojos fruncidos como dos ranuritas mongólicas. Busca a alguien, algo: a la Elba, y al no encontrarla, dirige el catalejo al muelle, o recorre lo que logra ver de las empinadas calles del pueblo. Pero ahora último sólo lo dirige al cerro de escoria, cuyas exhalaciones sulfurosas se enredan en las viejas torres de fierro y en los recovecos esqueléticos de las maestranzas: ¿cuánto más lograrán sobrevivir? Desde que murieron los mineros, en el reciente derrumbe, el catalejo de Arístides no necesita emprender ese periplo, porque sabe que el temor mantiene atrapada a la Elba en la choza de la hendidura.

La Elba sabe que hace bien en no aventurarse al pueblo todavía: don Arístides le dijo a Toño, que le llevó el cuento, que los hombres que de noche van a la casa de la Bambina, demasiado borrachos para llevarse para adentro a las mujeres que en época de escarcha buscan asilo en la casa, comentan que sus esposas y sus hijas se la tienen jurada a la Elba, y que más le vale no presentarse donde la puedan ver. Por eso ella no manda a Toño de vuelta al Hogar todavía. Su presencia, de cierta manera, la protege: que suba al pueblo y me traiga agua, lo manda, y me lleve recados y me haga las compras. A él no le harán nada.

El niño suele preguntarle a Arístides por qué gente como los Urízar no tiene camas, ni mesas, ni sillas, ni adornos en su casa, ésa en la que él desempeña el prosaico oficio de desempolvar los arabescos de yeso, encerar el parquet para que no se reseque, resucitar con un pincelito los oros que van desvaneciéndose en las cornisas. Tareas tan simples que cualquiera puede realizarlas, incluso el mismo Toño, que a veces se entretiene ayudándolo. Cuando se ocupan de esas tareas, en las raras ocasiones en que Arístides deja entrar al niño al Pabellón, sus preguntas se agolpan: ¿para qué tanto trabajo si no vienen los dueños...?, ¿cómo vivirán aquí si no hay ni una silla ni una cama...?, ¿darán una fiesta y nos convidarán a todos...? Para distraerlo cuando las preguntas parecen estar a punto de hacerlo reventar, Arístides devana escenas a partir de retazos de verdad que su memoria conserva. Son historias que, dice el abuelo, Arístides inventa: es tan mentiroso que ha terminado por creer que son ciertas. El padre de Arístides, que era un buen hombre el pobre, desempeñaba las mismas funciones que él en tiempos más cercanos a los sucesos con que está enviciando la cabeza de Toño. Era un hombre modesto que jamás se preguntó nada, pese a que en su época tuvo las respuestas tan a mano. Pero lo poco que le contaron fue suficiente para inflamar la imaginación de Arístides, tal como él está inflamando la de Toño.

7

La última vez que acudió a la ventanilla de la Administración de la Empresa para entregar el dinero recaudado en la reja, y recibir luego su sueldo y los dos sueldos de los jardineros, lo convocaron a una sala donde veinte caballeros de terno oscuro y corbata perlada deliberaban alrededor de una mesa brillante como un lago cuya agua repetía sus rostros, sus manos, sus carpetas.

Uno de ellos, con el tono deferente que adoptan los amos cuando se disponen a destituir a un inferior, le dijo a Arístides: acércate a la mesa no más. No lo invitó, claro, a sentarse. Lo que los caballeros querían era aconsejarle que no viviera solo en una casa tan grande. Por esa manía de soledad se enfermó tu padre, le dijeron, y con tanto trabajo. Ya no tienes edad para estar solo, sin alguien que te ayude. Has engordado. Parece que te alimenta bien la Bambina. Mira cómo acezas por nada. No te vaya a pasar algo y revientes.

No les contesto que acezo de inquietud porque sus palabras me hacen presentir que están considerando la posibilidad de despedirme —*jubilarme* es el término que usan, como si yo fuera tan idiota que no supiera que significa lo mismo—, y si mi padre murió de tanto negarse a salir del parque, fue por inseguridad, por temor a que ustedes se agarraran de cualquier excusa para despedirlo y dejarlo sin trabajo a su edad, con las manos vacías. No pueden echarme del

Pabellón y del parque para instalar a otro que no tenga mis vinculaciones con la propiedad. En la actitud condescendiente de los señores advierto que van a ofrecerme, a cambio, un sórdido departamentito en un bloque habitacional vociferante de chiquillos, humillante de intimidades oídas a través de los tabiques, y con el tufo grasiento de la comida formando costra en las paredes revenidas. Todo esto encerrado por un panorama de ropa goteando en las ventanas. No quiero, les voy a decir si me lo proponen. La Bambina me compra carne y pescado de primera y me da de comer. Las mujeres de su casa me lavan y planchan la ropa y yo ni la veo estilar. Pero sin tomar en cuenta qué puedo estar pensando, los caballeros me siguen hablando como si me estuvieran indoctrinando para una secta religiosa: sé razonable, pues, Arístides. Eso me dicen. Cásate antes de que sea demasiado tarde y los gobiernos nuevos nos quiten el Pabellón porque es demasiado grande para una sola persona y aquí en el pueblo hace falta espacio habitacional. Si te casas... no, cómo se te ocurre, no es ésa nuestra intención: queremos respetar tus años dedicados al parque y a la Empresa, y reconocemos la lealtad de tu padre... pero si no te casas ni tienes familia, entonces quién sabe qué puede pasar.

¿Casarme yo? Jamás lo había pensado. ¿Con quién, señores? ¿Con la Bambina? ¡No, hombre, con la Bambina no, cómo se te puede ocurrir una infamia tan grande! ¿Cómo vamos a consentir que lleves a la Bambina a la mansión que doña Natalia Guerrero, esa mujer prócer, proyectó para su ilustre descendencia? ¿Cómo te va a dar hijos, si es tanto más vieja que tú? ¿Cómo te va a ayudar en tu trabajo, si ya no sirve ni para regentar su prostíbulo, que por algo ahora regentas tú? Sí, claro que lo sabemos. Todos en el pueblo lo saben. Pero no nos importa: no te has casado con ella y tu vínculo es sólo de palabra, no consta en ningún documento. ¿No está casi tan ciega que ya apenas ve con sus anteojos gruesos como saleros? ¿No anda trasladándose con los perritos que usaba para hacer pruebas en el circo? ¿No se sienta en un piso de totora en el pasadizo de entrada, con los anteojos ahumados calados hasta de noche y ese quiltro, el Florín, en la falda? ¿Acaso no es sólo por el tono de voz con que la saludan los parroquianos que se da cuenta de si vienen o no con ánimo de gastar? Sabemos que, si no, te llama a ti para que los eches a patadas, perseguidos por el Florín. ¿No entiendes que se deterioraría la imagen de la Empresa si te casaras con ella, ya que la presencia de la Bambina bastaría para convertir el Pabellón en otro prostíbulo? Todos saben quién es la Bambina. Nosotros la conocemos desde hace años. Antes de encumbrarnos a las posiciones que ahora ocupamos, solíamos visitar su casa después de llevar al cine a las muchachas decentes que después se convirtieron en nuestras esposas, madres de nuestros hijos. Nadie ignora que cuando tú eras un chiquillo y los frailes te preparaban para ingresar en la Congregación, el circo de la Bambina pasó por el pueblo y ella te vio con tu sotana de mocho y se encaprichó contigo y consiguió que dejaras estudios y sacramentos para seguirla. No se te vaya a ocurrir instalar a la Bambina en el Pabellón. Sí, escúchanos: si eligieras a una mujer decente, limpia y trabajadora, con buena fama, alguien que te ayude de veras, bueno, entonces se podría hablar de subirte el sueldo y quizás otorgarte quién sabe qué otras prebendas... y a lo mejor instalas a tu lado a una viuda, con una familia ya formada. Eso sería, quizá, lo que más te convendría, porque ya no estás tan joven...

Ésta es la primera vez que hablo con un grupo

de señores sobre estas cosas. ¿Ellos saben mi historia, entonces? Con lo que me están proponiendo se disipan mis dudas. Es seguro que ciertos olímpicos Urízar, no registrados en mis anales, les han indicado a estos caballeros —que trabajan para ellos y, a su vez, son sus sirvientes— que me faciliten el camino para que, justamente a través de mis relaciones con la familia Urízar, ellos tomen posesión de las cosas... de cosas importantes, como el Pabellón. ¿Qué otros señores Urízar van quedando, caballeros, salvo yo, que sirvo para hacer mandados? Soy un falso Urízar, un Urízar de mentira, al cual quienquiera que esté enterado de cómo son las cosas podría descubrir. No tengo más que el secreto a voces de que hubo un vínculo de amor entre mi madre y don Blas Urízar... pero eso fue antes de que los Urízar se hicieran propietarios de la mina y de todo lo que desde aquí veo: tierras y chozas, la mina y los minerales, la tierra, los árboles y el Pabellón. Hasta de los peces que pueblan el mar, para su placer y diversión. Y los bosques y las cataratas que se despeñan. ¿Son éstos otros Urízar, estos empleados que se atreven a darme órdenes de que me case con la Elba y me haga dueño del Pabellón?

A la hora del crepúsculo, el ala sulfurosa que perfila el cerro de tosca se eleva apenas rosada después de que cae el sol, y entonces veo a la Elba cargando un saco de carbón con el que se ha ido a chinchorrear para encender el fuego de la comida, regresando luego entre los vahos que a esa hora vuelven a adquirir la palidez de las mechas de un fantasma. A veces oigo desde la glorieta no sólo rechinar los fierros y las cataratas de material vertido, sino palabras, frases que me trae el viento de Marigüeñu: desvaría el niño enredado en sus alucinaciones, la Elba discute con el abuelo, que exige el regreso de Toño al Hogar. Brama desde la puerta de la choza en las tardes, cuando tiene fuerzas, y sale a la playa del Chambeque: la Bambina y tú son lumpen, Arístides, lo que botó la ola, escoria, pura escoria. Como este cerro de escoria adonde nos hemos venido a refugiar. El cerro se mueve de noche, avanza, sí, no te rías. Los que dormimos al resguardo de esta masa de tosca sentimos a veces el estremecimiento del cerro al asentarse. Y con cada estremecimiento el cerro se adelanta un poco en dirección a tu parque y hace más y más estrecha la hendidura que nos separa. Es la venganza de la mina, Arístides, la venganza de los proletarios contra los desclasados como tú. Sí, porque con el tiempo la combustión espontánea del desecho de mineral que los obreros hemos ido excretando para beneficio de los Urízar hará avanzar el cerro hasta que arrase tu parque.

Es verdad que éstas no son más que cosas que yo supongo que él me grita: no alcanzo a oír la voz de don Iván Alvayay acusándome. Su dolencia le ha apagado la voz. Sólo emite resoplidos que a veces ni su familia es capaz de descifrar. Pero adivino perfectamente las cosas que ese viejo malintencionado diría si me casara con la viuda de su hijo, como quiere la Empresa, y me la trajera con Toñito a vivir en el Pabellón.

Se callan todas las voces cuando en la casa de la Bambina me acerco a una mesa donde habla un grupo de mineros: ellos temen, con razón, que denuncie a la Empresa lo que dicen en sus confabulaciones... Todo es eco de un eco en este pueblo, todo reverbera, se transforma en estribillo burlón que no deja vivir en paz a la gente... y después todo se disuelve y se transforma en otra cosa y se olvida...

8

¿Será verdad que sólo una rama de los Urízar pasó a América, y que la historia particular de la familia es de conocimiento general porque representa una de las vertientes de la historia pública de nuestro país? Puede ser. ¿Pero no sería interesante sostener la idea de que también pasó a América otra rama, más misteriosa y vergonzante, personajes que permanecen ocultos en la penumbra como retazos sin importancia, ajenos a toda publicidad?

Se sabe que el mayor de los hijos de don Leonidas Urízar, don Leoniditas, se trasladó a la capital desde París para ocuparse —y lo hizo con un éxito espectacular— de los negocios del carbón de la familia. Emprendía de tanto en tanto peregrinaciones a Europa, sobre todo cuando la comercialización del mineral lo requería así. Los descendientes de don Leoniditas, un linaje de opulentos hombres de negocios, enajenaron la mina, transformando la vieja empresa familiar en una sociedad que más tarde se hizo filial de uno de los grandes consorcios carboneros internacionales del mundo. Continuaron, eso sí, siendo los principales accionistas de la parte criolla del asunto, disfrutando de pingües dividendos sin necesidad de ensuciarse las manos. Además, en el momento en que el carbón comenzaba a perder importancia frente al petróleo, don Leoniditas, que ya tenía puesto el ojo en el mercado que se inauguraba, logró transferir a tiempo, y sin perder un centavo, una parte importante de los valores que vinculaban a la familia con su pasado carbonero a este otro combustible tanto más moderno.

Toda clase de ambigüedades comienzan a rondar esta versión oficialista de la luminosa familia Urízar si se acepta que tal vez no sólo el brillante primogénito de don Leonidas pasó a fundar linaje en estas tierras. También hubo un oscuro hijo menor, de escasa figuración y triste destino, que no dejó rastros en los anales familiares... aunque no puedo dejar de reconocer que una sombra suya enriquece mis conjeturas sobre nuestros antepasados, Toño. ¿Quién fue él... y quién soy yo, que no puedo desligarme de su tránsito?, me lo preguntas también tú con voz agitada. La gente que jamás ha sido herida por esta clase de preguntas olvida las cosas demasiado fácilmente; pero yo, desfigurado por tantas cicatrices, no olvido nada, y toda mi vida no es más que un recuerdo doloroso de preguntas relativas. ¿Quién fue él... quién soy yo? Mi oído, atento al insulto, y mi piel, sensible al amoratamiento, acumulan heridas. Hierve mi memoria, se agita mi miseria, mi rencor no perdona al mundo; me lo dices, Toñito, intentando desentrañar tu pasado remoto, tan ligado al mío. Mi voz ya sólo retumba cuando despacha a los borrachos sin dinero de la casa de la Bambina. Antes, cuando era joven, la palabra me brotaba ondulante y divertida para anunciar con prosopopeya libresca —restos corrompidos de mi educación de misal— a la Araña Contorsionista ante el público embobado por mis aparatosas improvisaciones verbales: un auditorio tan ignorante, incapaz de sentir dudas ni cuestionar lo que obviamente era un engaño. Demasiado cerrados de mollera para darse cuenta de que la Araña Contorsionista era la misma mujer que, como la Princesa Malabar, realizaba trepidantes juegos y que, como la Bambina, ejecutaba procaces bailes ante un público que me premiaba a mí, al señor Corales —con mi raída casaca de terciopelo púrpura y mi fusta autoritaria—, por ser el propietario de ese circo con su carpa parchada y sus números repetidos. Yo no era el dueño, claro. Sólo anunciaba los números. La Bambina era la verdadera propietaria.

Después del primer fuego, cuando abandoné el hábito de mocho y los libros, y dejé a mi padre y a mi abuela desencantados, la Bambina me prometió que siempre todo lo de ella sería mío. No tardé mucho tiempo en darme cuenta de que sí, sería mío... pero sólo si me amarraba a ella. Y en unos cuantos años descendí de propietario al ser sin rostro que vendía las entradas en un quiosco tan endeble como el del parque; y de ahí a revisar la tramoya después de cada función, hasta, al final, incluso barrer las inmundicias que el público tiraba sobre el aserrín de la pista. Por eso, por el sueño de ser algo más que un señor Corales de alquiler gracias a mi porte y mi vozarrón, acepté hace ya tanto tiempo este puesto que la Empresa me ofreció como al hijo tarambana de un empleado tan fiel como fue mi padre. Mi memoria, veterana de tantas historias tantas veces repetidas, se tienta, aún ahora que estoy viejo y ya no sirvo más que para contar cuentos, con el juego de confundir con mi abuelo al discutible benjamín de los Urízar —algunos dicen que era torpe para hacer bromas, baboso, olisco e inmundo, y su enunciación de lengua alborotada adolecía de insalvables defectos debido a una malformación del paladar... o quizás porque el francés fue el idioma de su infancia y cargó su castellano con vicios fonéticos que aquí causaban risa, como un «lengua mocha» muy real, muy campesino, muy de por aquí—, al que de niño yo oía mencionado por los viejos del pueblo cuando rememoraban unas famosas remoliendas en cierta casa de quinchas blanqueadas en la parte alta del pueblo.

Este hermano menor, don Blas Urízar, cuya pereza y vocación por lo abyecto lo estaban haciendo, a los dieciséis años, difícil de manejar para su familia en Francia, fue enviado a este remoto pueblo minero, feudo de sus mayores, con el propósito de escarmentarlo, ya que no lograban enmendar su conducta. Querían ponerlo bajo la tutela de don Leoniditas, de mano famosamente férrea.

¿Pero sería para eso que lo enviaron, si es verdad que lo enviaron? ¿No estaba ya fuera del alcance de toda redención? ¿Y se puede pensar que el trabajo poseía algún prestigio para esta ociosa segunda generación de príncipes de la industria? No, ninguno. ¿No parecería, más bien, que lo enviaron para ocultarlo, dándole un mote cualquiera, el «Lengua Mocha» por ejemplo, por pura vergüenza, o por peligro, o porque los más entendidos opinaron que ya no se podía hacer nada con él? Así estaría protegido como por un disfraz, fuera del alcance de la justicia, o de quienes manejaban los hipotéticos vicios o defectos de que era víctima, y se confundiría con uno más de los tantos Lengua Mocha regionales. Nadie ignora que en muchas *buenas familias* se dan estos personajes extravagantes, o viciosos, o mal dotados, o monstruosos, que jamás logran aprender a hablar ni a pensar bien, y a los que es necesario, por fin, recluir en asilos o conventos o cárceles, porque un error demasiado evidente en la formación de su cuerpo o de su mente los hace indignos de vivir en el seno de familias que presumen de cultura o distinción. Puede ser que don Blas haya sido uno de éstos. Me gusta pensarlo así, porque sólo así toco a los Urízar, y tocarlos, aunque sea a través de un ser fallado como don Blas, hace para mí verosímil el contacto con su mundo.

Quedan ciertos datos —borrosos, es cierto, pero existen— de don Blas. Los años y las murmuraciones del pueblo lo han fundido definitivamente con esa figura que en algunas casas sirvió por años para asustar a los niños que no querían tomar la sopa. Es verdad que no he podido identificar un rostro que adjudicarle entre los innumerables rostros color sepia de las fotografías que se exhiben en una oscura salita del Guest House que la Empresa ha improvisado como museo familiar, junto con testamentos, escrituras públicas, invitaciones, cartas de felicitación, premios, menús de banquetes presidenciales y otros melancólicos documentos. Son recuerdos que no le recuerdan nada a nadie, porque nadie que no sea yo visita ese salón donde los objetos encerrados en vitrinas de caoba acumulan orín y los rostros se disuelven en la química del tiempo: en ese salón don Blas pesa, en mi fantasía, más que nada por su ausencia. Pero, en fin, aceptemos el accidente reiterado de que don Blas haya estado enfermo para las ocasiones de los retratos familiares —picnics, carreras de caballos, regatas, bailes, figuras en la playa envueltas en algodones blancos—; o quizás haya estado de viaje, o interno en algún colegio, o sujeto a un tratamiento, o de festejo en otro lugar. En todo caso, nadie puede negarme que es muy extraño que, en una lista de la familia completa pasando una elegante temporada en un hotel de Trouville, se nombre —por única vez en un documento perteneciente a la familia— a un enigmático *M. Blas de Urízar.* No se lo incluye junto a sus hermanos y hermanas, como correspondería, sino después de tutores, institutrices, cocheros, doncellas; está agregado a la cola del séquito, como un bufón que fuera inferior a los demás. He buscado maniáticamente entre los papeles encerrados en las vitrinas del Guest House todas las cartas y documentos, rastreando más menciones de don Blas. He permanecido hasta tarde en la noche quemándome los ojos para seguir a esa sombra apenas insinuada que se me escapa sin que yo logre fundirla completamente con el compañero de la María Paine Guala: ése que, yo lo siento, es mi antepasado.

En otra de las vitrinas del Guest House se exhibe una carta del patriarca fundador, retirado en Europa, dirigida a don Leoniditas, que parece que siempre estaba en todo. En esta carta el padre le comunica el viaje del «hijo menor» a su tierra natal. Un hijo sin edad, sin nombre, hijo así no más, anunciado al pasar y sin ceremonia ni dando detalles, casi como si la intención fuera no dejar constancia de este suceso y no identificar al interesado, sólo prevenir a su primogénito de una presencia que podía ser molesta, con el fin de que tomara las precauciones necesarias. No pretendo que sean concluyentes estas dos pruebas para demostrar la existencia de don Blas y su traslado al continente americano. Pero aquí encuentro algo que puedo considerar como un rastro de su paso, escondido en lo que quizás no sea más que una falla de redacción en la carta del minero improvisado en gran señor, o una torpeza caligráfica del conserje del hotel en Trouville. Estoy seguro de que es por este misterio que le tienen prohibida la subida al parque al niño, no porque el abuelo y Antonio hayan creído que voy a enseñarle degeneraciones de las que me creen bien capaz.

No, Arístides, no es porque sepamos que eres el matón de la casa de la Bambina y que lo has sido desde que eras un joven mocho, aindiado pero de buena presencia, cuando colgaste el hábito y partiste con el circo de la Bambina. ¡Es una locura tuya la idea de que tu versión de don Blas existió! ¡Nada, ni nadie, da fe de ello...! Y menos se puede pretender que don Blas... imagínate. Es mentira que este monstruo sea antepasado de la Elba y de Toñito. Por esa locura sé que andas detrás de ellos, viejo libidinoso que ya no eres capaz de satisfacer a una hembra joven como mi nuera, acostumbrada a compartir su cama con un hombre limpio como mi hijo, cuya muerte nunca la dejará conforme.

9

¡Usted no sabe nada, don Iván!

Tan verdad es lo que digo, que estoy seguro de que fue la conducta de don Blas en este pueblo lo que hizo imposible el viaje de la familia para instalarse en el Pabellón, ya que la matriarca languideció de vergüenza en París debido a las noticias que le llegaban sobre el modo de vivir de su hijo. Para aceptar esta teoría basta aceptar que don Blas es la misma persona que aquí llaman «el Lengua Mocha», en otro pueblo «el Lengua de Trapo»... y aun en otro «el Lengua de Pescado».

Es cierto que don Blas, dada su categoría, debió ocupar el Pabellón, que se llama *pabellón* y no *palacio* porque es sólo un ala de lo que sería el edificio una vez terminado. Pero comparando la fecha conjetural de la llegada del benjamín de los Urízar con la fecha en que los constructores deben haber iniciado sus faenas —todo esto está en los documentos del Guest House—, ambas casi coinciden. El Pabellón no se terminó de construir hasta tres años después del hipotético arribo de don Blas, y su vida aquí ya había tomado un rumbo tan particular que nada podía interesarle menos que habitar un palacio morisco en estos andurriales.

Pero al joven europeo recién llegado, que parece que era casi un niño, le divertía compartir los progresos de la construcción, incluso tomar parte en las obras, a veces echar una palada de cal o colocar una hilera de ladrillos; tanto que poco a poco ese pasatiempo fue consumiendo todas sus horas y ya ni siquiera le pareció necesario plantearse actividades de otra índole. Se pasaba la jornada enredado en las obras del Pabellón, conviviendo de igual a igual con los albañiles, carpinteros, cerrajeros, pintores, yeseros y baldoseros que almorzaban diariamente con el campechano don Blas: me lo imagino gordo, rubicundo, con las mangas de su camisa arremangadas, su tongo echado hacia atrás en la cabeza, bajo una ramada que hizo levantar entre los árboles adolescentes del trazado original del parque. Durante el sabroso almuerzo criollo, que duraba más tiempo y era rociado con más vino de lo que convenía para cumplir con los proyectos del contratista, eran atendidos por la María Paine Guala, propietaria de la única fonda de la región. El cabo Olea, jefe del destacamento policial, le había conseguido este trabajo tan rentable.

La verdad sea dicha, creo que la fama sospechosa de la María Paine Guala, que le amargó sus últimos días y la hacía rezar tantísimo en la parroquia, y encender velas y ver las visiones angélicas que aseguraba ver, y hacer la manda de meterme a mí, su nieto, de fraile, debe haber sido causada de alguna manera, porque en los documentos de entonces, que les daban tratamiento de *señora* y de *doña* a las mujeres de los mineros, de categoría muy inferior a la suya (y así figuraban en las escrituras de compraventa, de traspaso, de testamentaría, de defunciones), mi pobre abuela, tu bisabuela, Toñito, nunca figuró más que como *la María Paine Guala*. Que esta forma de referirse a ella se debiera al hecho de que fue propietaria de una casa de las que entonces se llamaban «de mal vivir», en vez de una fonda como Dios manda, es sólo un tecnicismo: no era muy grande la diferencia entre una cosa y la otra.

Fue esta irritante espina de saberse tratada impunemente con tan poco respeto lo que le impidió comprar propiedades con el dinero que fue acumulando, porque claro, no podía exponerse a la humillación que la esperaba con cada escritura. Odió siempre a todos los notarios y escribientes, y en sus buenos tiempos, cuando su parrón y su casa eran todavía alegres, los miembros de estas profesiones no tenían acceso a ellos. Guardaba su plata metida en su colchón; a su muerte, fue repartida entre tantos descendientes (uno de los cuales fue mi padre, y la Canarito, tu abuela, Toño, fue otra), que sirvió apenas para comprarle una casa en la caleta a tu madre, la Elba. Y lo demás se hizo sal y agua. De haber comprado propiedades, de haber desafiado la altanería de los notarios que se negaron siempre a darle el tratamiento de *señora,* habríamos quedado dueños de medio pueblo. El cabo Olea le rogaba que invirtiera. Si no quería usar su propio nombre, que usara el suyo, ya que en buenas cuentas los dos estaban como casados; de esa unión nació mi padre. El odio por los notarios y los abogados le fue creciendo con los años, tanto que cuando yo era chico y regresábamos de la iglesia adonde me llevaban para que rezara e hiciera la promesa de que cuando grande sería fraile —para entonces mi abuela ya había descartado las populares polleras de percal floreado, y se vestía como una señora, con buen merino negro que les compraba a los faltes que hacían noche en su casa o se quedaban durante varias jornadas en el pueblo, donde entonces corría buena plata—, dábamos un rodeo para no pasar frente a la oficina donde atendía el notario.

¿Cómo sería nuestra antepasada común, Toño, la famosa María Paine Guala? Es fácil imaginar su casa de quinchas blanqueadas, porque todavía existen

varias que corresponden a ese prototipo en la periferia del pueblo, con un corredorcito adelante, y atrás
un parrón que cobija un horno de barro, siempre fragante a carbón de espino y a pan tierno. Ahí jugaba la
parvada de chiquillos de la María, de los cuales el mayor fue mi padre —igualito al cabo Olea dicen que soy,
así es que en mi caso no hay donde perderse—, y la
menor fue la Canarito, su regalona, tu abuela, si son
correctos mis cálculos. En ese patio los patos nadaban
entre los batros y los berros de la acequia que limitaba
la propiedad, y un biombo de cañas lujuriantes escon-
día la letrina de madera montada sobre un pozo negro, que entonces era un adelanto muy moderno.

Te aseguro que era una fonda de primera, re-
putada desde Ancud hasta la Imperial y en todo Arauco por sus buenos precios y por la calidad de su comida casera, bien condimentada con ají y comino. La
María Paine Guala tenía un pelo renegrido y encabri-
tado, una mata tormentosa que enorgullecía a tu
abuela. Conozco una foto de aquellos tiempos: su piel
era lisa y blanca y su trenza negra, que le colgaba hasta la cintura, era de andaluza. Pese a su apellido, que
no sé de dónde salió, no era ni india ni zamba, que tienen el pelo muy diferente. Don Iván se acuerda de ella
ya canosa, y las canas no son cosa de los indios. Yo tengo todo mi pelo negro bien tupido y me crece bajo en
la frente, sin una sola hebra blanca. Eso me viene de
mi mamá, una india pehuenche con la que mi papá se
casó de joven cuando se fue a trabajar de botero en
Carahue, antes de que construyeran el puente de fierro sobre el río Imperial.

He oído decir a los que se acuerdan, que mi
abuelita, en sus buenos tiempos, era alegre y dicharache-
ra, un poco gorda y encorsetada, con pecho de paloma

como se usaba entonces, muy aficionada a la farra de pata en quincha. Yo me acuerdo de ella cuando figuraba como viuda del cabo Olea, con el que nunca contrajo matrimonio pero que nos dio su apellido, incluso a la Canarito, que debería haber tomado el de Urízar. No tenía otra afición que su mate bien cebado con un poquito de hinojo y azúcar tostado, y su rosario que concluía con interminables jaculatorias durante las cuales yo me adormecía. Ella aseguraba que, traspuesta, veía a la Virgen vestida de blanco, y me aseguraba que yo también la veía. Creo que mi abuelita mereció su fama dudosa porque de joven bailaba con tanta gracia, dicen, la cueca y el pericón, haciendo girar su pollera de percala, la oreja adornada con una ramita de albahaca; en ese tiempo los perfumes en frasco no llegaban hasta aquí. Claro, ella era alegre, distinta en esta tierra de indios tristones, porque dicen que era del norte: es natural que llamara la atención. Por eso echaron a correr el chisme de que lo que regentaba no era una fonda «como Dios manda», sino una casa mala. ¿Cómo no iban a ser simpáticas sus camareras, pues, don Iván, si justamente por eso las elegía? Reclutaba a las chiquillas más lindas para que trabajaran en su casa de camareras...

Eso dices tú, Arístides, que estás empeñado en blanquear su recuerdo, aunque, según otras versiones (que hasta ayer se repetían), trabajaban de camareras y de algo más cuando los parroquianos pagaban bien. ¿Para qué crees tú que la María Paine Guala iba a enganchar su carreta con chiquillas tan lindas? Para «comerciar con sus cuerpos», como decía mi mamá, que a pesar de ser vecinas de toda la vida le hacía un feo en público, porque si la saludaba, mi papá la hubiera molido a palos. No le tenía mala ley mi mamá a la María Paine Guala, porque decía que cómo iba a

pensar mal de una mujer que era tan buena madre.
Esas criaturas alegres le animaban la fiesta y las parrandas y entusiasmaban a los clientes para que consu-
mieran hasta que aclarara el día. Corría la voz de «llegaron mujeres nuevas donde la María Paine Guala»,
carne fresca, juguetona: esa voz penetraba quién sabe
cómo hasta el fondo de los sombríos bosques de arra-
yanes y quillayes de Lanalhue y Lleu-Lleu, en el interior de Arauco. Los hombres de esas serranías no habían soñado con nada semejante ni siquiera al contar
sus ahorros de todo el año. Llegaban a caballo o en carreta a la fonda, pero sin fatiga después de una semana de viaje durante la cual no oían más que las voces
de las camareras guiándolos hasta la casa de tu abuela,
donde les cantarían al oído las canciones que los tenían engolosinados.

10

La gente le tenía miedo al cabo Olea, cuyo apellido llevo. Pese a su fama de bravo de pocas palabras y menos risa, era un guapo de colmillo de oro, vengativo, autoritario y, sobre todo, inflexible para someter a la población a las leyes. No tanto a las del país como a las de la Empresa. Estaba para recibir órdenes de los caballeros y para hacerlas cumplir, eliminando a los insurrectos sin dejar huellas, rompiendo la voluntad de los huelguistas, fichando a los obreros de los sindicatos. Estas represiones eran conducidas desde la casa de la María Paine Guala, que con los gorjeos de sus mujeres, sus pájaros y sus guitarras disimulaba la prepotencia del cabo Olea. Es por eso que algunos en el pueblo no la quisieron nunca y le dieron mala fama. No se equivoque, don Iván, su papá le daba palizas a su mamá no porque mi abuelita tuviera fama de mujer liviana, sino porque su papá era comunista, de los primeros que se conocieron por aquí, los que formaron los primeros sindicatos. Y a usted lo hizo bautizar «Iván», que es un nombre ruso: era un convencido de las nuevas teorías y se negaba a tener nada que ver con alguien que fuera secuaz del cabo Olea y de la Empresa.

Pero las destinaciones de los policías no duran para siempre. En cuanto los sabían económica o afectivamente enraizados en una comarca, los trasladaban a otro lugar para que, de este modo, la justicia fuera realmente ciega. Después de unos años las autoridades llegaron a saber que el cabo Olea había formado un lazo muy estrecho con la famosa María Paine Guala: los chiquillos patipelados que —fruto de las indiscreciones de las camareras— pululaban debajo del parrón, le decían «papá»: en el caso de mi padre, el A., lo era. La patrona los criaba revueltos con su propia descendencia y todos, a ella, le decíamos «mamita». En todo caso, sólo unas semanas antes de que comience a figurar don Blas instalado en la casa de mi «mamita», al cabo Olea le tocó partir a otro destino, en medio del desierto del norte, adonde tenían que llevar el agua en carretas, a todo sol y lejos del mar, como si fuera un castigo por haber disfrutado tantos años de esta tierra verde.

Debe haber sido en uno de los primeros almuerzos que se desarrollaban diariamente en la ramada del parque —entonces todavía no era parque— que mi «mamita» conoció e intimó con el más joven de los Urízar, que acudía a divertirse con sus compinches, los obreros, durante el trabajo. Dicen que era un poco torpe para sus bromas este personaje, que por jugar empujaba cerro abajo a los peones para que se fueran rodando hasta el Chambeque, o les hacía zancadillas para que se cayeran de los andamios y tropezaran en las bateas de material, o les gritaba palabrotas criollas enseñadas por ellos mismos e incorporadas a su vocabulario con el acento francés que jamás perdió. Así borroneó su identidad, comenzando a entretejer la figura con su sombra, para constituir una sola: don Blas Urízar, enmascarado en una leyenda de pueblo, compañero de parranda de la María Paine Guala.

A don Blas, el pobre —si es verdad que estamos hablando de don Blas, y si existió más allá del error del conserje de un hotel francés—, que en Francia vivía sometido a la etiqueta impuesta por sus mayores, se le

abrió la vida como una flor al conocer a la María Paine Guala, quien, apenas partió el cabo Olea con sus
bártulos, se llevó a don Blas a vivir con ella en su casa
de quinchas. El benjamín de los Urízar se entretenía
tanto con las dulzuras de su hamaca bajo el parrón,
que ni a vigilar las obras bajaba ya, pese a que sus amigos los albañiles y yeseros lo mandaban llamar. Nos tiene olvidados, patroncito, lo echamos de menos, ya no
nos viene a ver para reírse con nosotros cuando pronuncia mal las palabras que le enseñamos, ni encarga
esos almuerzos tan ricos rociados con tinto; ya no nos
sirven causeos como los de antes. Claro, cómo iban a
ser como los de antes si mi «mamita» dejó de servirlos
para dedicarse completamente a regalonear a don
Blas. Era lo que el muchacho necesitaba, porque dicen que su madre, doña Natalia Guerrero, era una señora buenamoza pero muy despótica. Mi abuela, mi
«mamita», lo alimentaba como a un príncipe, aunque
con un menú muy distinto a los manjares europeos de
su adolescencia. Él, entonces, goloso como un niño
que de repente se ve con permiso para hacer su voluntad, se dedicó a comer como un cerdo, y fue engor-
dando y poniéndose seboso y con olor a cebolla, se-
dentario y olisco a ajo, y jadeante al respirar, y
perdiendo en menos de un año casi todo su pelo rubio. Permanecía sin moverse debajo del parrón, en
mangas de camisa y sin corbata ni cuello duro, tomando el vino pipeño que mi abuela le encargaba del norte, porque los de aquí son ásperos y a ella le gustaba
brindarle lo mejor. Se pasaba todo el día tendido en su
hamaca, agarrándoles las piernas a las camareras que
pasaban. Mi «mamita» no hacía otra cosa que reírse y
dejarlo darse en su gusto, completamente desvincula-
do de los trabajos de la construcción, los que debido a

tan relajados hábitos se iban alargando y alargando, y parecían imposibles de acelerar, aun ante las cartas de protesta que don Leoniditas enviaba desde la capital con exagerada frecuencia.

Con seguridad este contubernio de su hermano ya había llegado —como tenía que ocurrir— a oídos de don Leoniditas. Éste le debe haber escrito muchas cartas a su padre en Francia acerca de su descarriado hermano menor, cartas ahora perdidas y cuyas noticias, imposibles de filtrar, estaban matando de preocupación a su madre en París. Era necesario que don Blas terminara ese enredo con una mujer que no era más que una perdida: al fin y al cabo, ya tenía cerca de veinte años y era hora de que pensara en hacer algo útil con su vida, como por ejemplo casarse con una mujer de su misma categoría. Pero don Blas, solazado en la dulzura de la María Paine Guala, permaneció meciéndose en su hamaca debajo del parrón. La María continuó sentada en el pisito de totora, a su lado, sirviéndole potrillo tras potrillo de vino y abanicándolo con el tongo para espantar las moscas que se cebaban en su sudor y en su baba. Cuando mi «mamita» trasladó definitivamente a don Blas, utilizó la influencia de los *caciques* locales y de todos los poderosos de la provincia que habían festejado en su casa, para que se llevaran lo más lejos posible al cabo Olea y le prohibieran el acceso a la zona del carbón. Supongo que el cabo, antes de partir, emplazaría a la María Paine Guala a seguirlo y casarse con él, pero ella le debe haber dado calabazas definitivas porque, claro, no podía dudar entre la calidad de uno y otro pretendiente. Don Blas, entonces, quedó entronizado en la casa de quinchas. Los Urízar evitaron todo viaje al pueblo, ya fuera por negocios relacionados con la mina en el caso de don Leoniditas, ya fuera a regocijarse con las delicias del palacio en el caso de doña Natalia. Se paralizaron las obras del palacio, que quedó en «pabellón», y nadie tomó previsiones para don Blas y su prole, que en buenas cuentas quedaron abandonados.

Entre la bandada de chiquillos que jugaban debajo del parrón —los mayores ayudando a atender a la clientela; los más chicos chapoteando en la acequia, entre los patos y los batros—, había una niña, la menor, rubia como un canario: «mi canarito», le decía su madre peinándole esa mata de pelo amarillo que llegaría a caracterizarla.

—Mi canarito lindo, yo te voy a enseñar a cantar y a volar —le decía la María Paine Guala, y con el sobrenombre de «la Canarito», aunque no dotada para el canto ni para el vuelo, quedó tu abuela, Toño, a la que mi «mamita» quiso más que a todos sus hijos de pelo retinto. Andando el tiempo, mi tía, la Canarito, no mucho mayor que yo, se convirtió en la mujer más hermosa del pueblo: silenciosa, dorada, con el pelo recogido, siempre detrás de la romana donde pesaba los kilos de ulte en el mercado, como si quisiera guardar un secreto o como si no supiera hablar nuestro idioma, no por orgullo sino por sombríos sentimientos que ni tú ni yo, ni nadie de por aquí, jamás podremos comprender. El silencio de esta mujer era el de una raza distinta. Propiciaba todos nuestros sueños, aunque los despechados decían que hablaba tan poco porque era tonta y no tenía nada que decir. Yo, de muchacho, admiraba a la Canarito porque era distinta, tensa, desposeída de palabras; no sólo por ser la única mujer rubia entre todas las mujeres de pelo indio o andaluz que yo conocía, sino porque, a mi entender de adolescente enamorado, y además culpable de este amor por una hermana de mi padre, estaba enamorado de su silencio, además de la aureola de su pelo que la señalaba como hija de los amores de mi abuela con el dueño de las minas. El temprano matrimonio de la Canarito (que tantas lágrimas le costó a mi abuela) con el pescador más pobre de la caleta hizo que el pueblo olvidara la historia de sus orígenes. Ella era para todos, simplemente, una Olea, hija del cabo y la María, y criada bajo su parrón: conocida por todos de toda la vida, sin documentos que atestiguaran su identidad, igual que sus hermanos, igual que mucha gente de por aquí. La historia de un pasado rubio y blasonado quedó definitivamente sepultada cuando fue creciendo la Elba con su pelo sobrenatural renegrido, tan característico de ella como el pelo distinto de la antepasada que estoy seguro tú y yo compartimos. En el pueblo, nadie más que yo recuerda esta historia, por eso dicen que es mentira mía.

¡Ésas sí que eran fiestas! ¡No las fiestas con procesión, desfiles y discursos con que ahora nos aburre la Empresa! Eran fiestas con mucha arpa y mucha guitarra y cantoras traídas de muy lejos, con vinos pipeños y de cosecha para todos los gustos, y vinito dulce para las mujeres, y chicha y chacolí de las mejores viñas del norte, y lechones adobados con ají y cilantro, enteritos, con una cebolla en la carcajada de su boca, todo arreglado encima de las mesas de caballete que se armaban debajo del parrón, adornadas con papel de volantín picado. Y pailas de erizos con cebollita y perejil de entrada a la mesa, y corvinas olorosas a mar, y quesillos al horno con caramelo, y sandías y melones escritos, que son los mejores, y uva torontel y de Curtiduría. La parranda duraba hasta el amanecer, me contaba mi papá.

Fue en una de esas parrandas que, de repente, reapareció el cabo Olea. Borrachazo dicen que venía, con ganas de pelear. Después de comer y tomar y bailar sin que nadie lo hubiera convidado, y de divertirse como si estuviera en su propia casa —ah, claro, dicen que con tu abuela, Arístides, bailó una cueca muy animada, como si se le hubiera pasado toda la rabia—, se fue a esconder en el cañaveral que disimulaba la letrina al fondo del parrón, donde estaba más oscuro. Ahí esperó a que don Blas saliera de la letrina, sin abrocharse los pantalones porque tenía las manos templeques de tan curado que andaba. Al ver al cabo Olea esperándolo, se asustó y se le cayeron los pantalones y quedó maneado, y el cabo Olea lo cosió a tajos sin que él alcanzara a pedirles socorro a los amigos que estaban bailando y tomando a pocos metros de allí, y a su costa. El cabo Olea era muy forzudo y grande, como yo, de modo que pese a que don Blas estaba más gordo que un chancho cebado, lo alzó en vilo y lo metió de cabeza en la letrina, bien embutido dicen que lo embutió para que quedara tapado con la mierda de todo el pueblo.

Nadie volvió a ver al cabo Olea. Desapareció esa misma noche. No es imposible que la justicia lo haya alcanzado en otra parte. A nosotros, como importamos tan poco pese a que formamos parte del mundo del cabo Olea, y no tenemos relación con la realidad oficial del personaje que fue don Blas, no nos dieron ninguna explicación de lo que sucedió. En todo caso, por aquí nadie ha vuelto a saber del cabo. Incluso han dicho que la María Paine Guala lo mandó matar. O lo mataron otros. O vivió tranquilamente en el norte, establecido con otra familia. O lo encontraron y lo metieron preso. O simplemente desapareció como desaparecen los pobres, sin dejar huella, o porque tenía pacto con el Diablo, según decía la gente ignorante de por aquí, porque siempre ganaba mucha plata cuando jugaba al monte.

11

Lo que queda claro, lo que permanece escrito en la crónica policial del pueblo, es que seguramente a raíz de esta pelea, y por esas fechas, se efectuó una investigación en el pueblo acerca de la desaparición de cierto rufián de poca monta conocido como «el Lengua Mocha».

Las autoridades acusaron a mi abuela de encubridora, incluso de cómplice, pero la Empresa se lavó las manos y no dijo nada, como si prefirieran no llamar la atención y eliminar la existencia del personaje asesinado en la letrina, que quién sabe quién sería. Después, con tanta pelea y abogados y juicios y escritos, enredaron a mi «mamita» para sacarle plata, y su casa tomó mala fama. La gente prefirió no frecuentarla más porque era un lugar peligroso, decían, y como por entonces comenzaron a abrirse casas nuevas, la suya se volvió triste y pasada de moda. Ya no reclutaba chiquillas frescas cada temporada, porque no le quedaban fuerzas para buscarlas. Ya no se vestía más que de merino negro: una monja parecía. Y cuando me iba a buscar al Pabellón para que la acompañara a la parroquia —ya vivíamos con mi papá en el Pabellón, donde yo lo ayudaba con sus quehaceres cuando no iba a la escuela; la Empresa le debe haber dado ese trabajo, supongo, como compensación para la familia, con la que estaba en deuda por una razón o por otra—, yo la veía llorar en el confesionario. Hablaba mucho con tus frailes, Toñito, y les prometió que me entregaría a ellos para que terminara mis estudios y después me ordenaran.

Quién sabe por quién rezaría tanto y haría tanta penitencia; por ella misma, para que Dios le perdonara sus pecados, si es que los cometió, o por el alma de su adorado don Blas, o por el Lengua Mocha, fuera quien fuera este personaje, o por el cabo Olea, para que no lo castigaran los diablos en el infierno. Mucha gente decía que mi abuelita era hereje. Ahora que me acuerdo, hasta bruja decían que era. Pero yo le he visto los escapularios grandes como libros que usaba debajo del corpiño, unos detentes de seda roja con corazones sangrantes y aureola de hilos de oro. Y cuando mi «mamita» murió, muy vieja, con todos los sacramentos, la herencia se repartió así no más, por las buenas, entre todos sus hijos, porque no dejó testamento ni papeles ni nada, para que su nombre no quedara escrito, como para la ocasión de los juicios por la desaparición en la letrina.

Tal vez por un convenio entre sus hermanos, que la querían mucho y deben haber sabido su origen, aunque nunca hablaron de eso, o para compensarla por el desdén con que la familia poderosa la abandonó, la Canarito se vio algo favorecida, y así, con lo que mi «mamita» dejó, se le pudo comprar una casita, modesta pero casita, de adobe y teja al fin y al cabo, y también la romana que don Iván y la Elba usan para pesar el carbón de los chinchorreros: pudo trabajar con eso y vivir en la casita de la caleta, que es el lugar donde nació la Elba, frente a la estatua de yeso de San Pedro, que está tan desteñida.

¿Ves, Toño? Tú perteneces a este parque. El Pabellón es tuyo por derecho. Y de la Elba. Yo me casaría con tu madre si no fuera tan viejo, para que por fin se haga justicia y una Urízar venga finalmente a vivir en estos recintos melancólicos. Quisiera que la Elba me diera muchos hijos de sangre orgullosa y herida como la de tu abuela, y que tu madre morena aportara la sombra de la belleza rubia de los Urízar.

Han encendido una luz en la choza, allá abajo. Son ustedes que regresan de la extraña peregrinación de la que tú, Toño, en cuanto subas a saludarme, me contarás. Por el vano de la puerta veo a la Elba inclinándose con su melena envuelta en un pañuelo sobre la cama del enfermo, quizás inquieta porque ha empeorado durante su ausencia. El niño se sienta a los pies del camastro. Yo debo apagar mi luz de carburo: ella la ha visto. Sabe que estoy aquí, esperándola con mi catalejo. Pero no va a venir sino hasta después del desenlace, que será después de la muerte de don Iván.

Mientras tanto, en ese pequeño trapecio de miseria que la luz proyecta por la puerta abierta sobre la arena, la Elba se inclina sobre la olla con papas. Mi anhelo se alimenta y se vuelve insoportable cuando se afirma en fantasías antiguas; si no, es apenas un charquito en mi experiencia. Tu madre está pensando en cómo va a decirte que en dos o tres días más tendrás que regresar al Hogar. No se puede perder esa plaza, es una oportunidad única para tu educación, Toño. Tú te resistirás, lo sé. Fingirás un ataque, de ésos que todos conocemos: pondrás los ojos en blanco, dirás unas cuantas palabras incoherentes y te caerás al suelo. O huirás a esconderte en este parque: lo conoces tan bien que ni siquiera yo sería capaz de descubrir donde estás escondido. Y lo conoces, sobre todo, porque en tu imaginación este parque es tuyo, debido a los lazos que yo mismo te he revelado. Los que somos serviles a las glorias del siglo anterior quedamos presos de una época que no conocimos más que con la fantasía. Glorias a las que no habríamos tenido acceso, porque en ese tiempo éramos marginales, andábamos vestidos de harapos. Apenas podíamos enseñar la mano como una taza para implorar la caridad de una moneda. Don Iván, en su choza, no es presa de este sueño, sino de los sueños contrarios, empeñados en destruir el nuestro, Toño. Por eso es que te insiste tanto: no subas al parque, Toño; no vayas donde Arístides, Elba, qué vas a meterte con ese rufián, para qué vas a ensuciar tu nombre y el de tu hijo y el recuerdo de Antonio. Sí, rufián o soplón de la Empresa, eso es Arístides, y saboteador de los sindicatos con que la gente como nosotros nos defendemos de los abusadores. Él cree en el derecho divino de los Urízar. Arrastra el dolor de tantas muertes causadas, tal vez, no por su mano sino gracias a su intervención: el pueblo se venga de él llamándolo rufián, chulo, soplón, traidor. No te ensucies, Elba, ni tú ni Toño. Piensa en el muerto, en todos nuestros muertos...

Tercera parte

El pique grande

12

En cuanto se encienden los faroles, los muchachos ociosos se pasean calle arriba y calle abajo, calle abajo y calle arriba, en busca de cualquier cosa que nos salga al encuentro. Dispuestos a todo. En el peor de los casos, no arriesgamos nada salvo la vida. Los pares, los grupos, avanzamos y volvemos por la vereda, marchitos de tanto esperar y de que el tiempo nos pase de largo, sin partir lejos de la mina a buscar otros destinos en el mundo, que harto poco nos da a todos, incluso a los que ya se fueron.

Los mineros, los que lograron cobijarse al socaire de la Empresa, sus ojos milenarios realzados apenas por ese carboncillo del trabajo que ningún jabón logra quitar de sus pestañas, responden al saludo de las mujeres, que a veces fingen no reconocernos para que sepamos que también ellas sueñan con rostros que el pueblo no es capaz de proporcionarles.

Un compadre invita a otro que no tiene trabajo, de facciones amortiguadas por el alcohol, a una botella de tinto: contra el desaliento del vino sólo se puede combatir con más vino, y a nosotros pueden despedirnos el día menos pensado, y quedaremos tirados en el asfalto, igual que este amigo que dio un tropezón al salir del bar.

Los grupos avanzan por la vereda, dan la vuelta, alguien saluda a alguien, volvemos mudos o murmurando, disimulando nuestra chispita de ánimo volátil

como el grisú: bastará un fogonazo para que el enerva-
miento estalle convirtiéndose en reyerta.

Los de antes eran tiempos mejores, repiten los
viejos: los muchachos de ahora no conocen más que estos tiempos dóciles. Antes no eran así las cosas, repiten.
Los jóvenes se detienen en una esquina a compartir un
cigarrillo, una bolsita de neoprén, un pito, da lo mismo.
O el último chiste obsceno contra el gobierno, la única
forma de rebeldía que les va quedando. Entramos en
un boliche a tomar una pílsener, o una botella de pipeño si el compadre anda pago. Limpios, peinados, nos
afirmamos contra las casas para saludar a las mujeres de
carne añeja por haber sido demasiadas veces fantasea-
da, o para rumiar el rencor porque contrataron a un
mayordomo nuevo que no es ni de por aquí, quién sabe
de dónde será, y la tonta caliente de la Elba va a culear
con cualquiera que se le ponga por delante ahora que
quedó viuda, pero no con nosotros, ya van a ver...

No nos contratan, no nos quieren condenar a
ese anhelado hoyo que ha ido consumiendo a nuestros
mayores. Ni siquiera como apires quieren contratarnos.
Obsesivamente hablamos de la mina, de la Empresa que
nos ahoga y nos rechaza y no nos oye; sólo oye a los so-
plones que corren a confidenciarles que anda el cuento
de que a Vicente Norambuena lo ascendieron porque
se salió del sindicato peligroso, dicen que el pacto se hizo una noche aquí mismo, en la casa de la Bambina,
mientras dos parejas bailaban *Bésame mucho;* y a Severi-
no Manquileo lo cambiaron a un frente más expuesto
sin pagarle ni una chaucha más —¡aceptái o te vai, indio
de porquería...!—, y a nosotros, nada, y aunque por
suerte no somos indios, nunca nos toca nada pese a que
la muerte de Antonio Alvayay y de cinco barreteros más
dejó espacio para que lo llenemos nosotros. Quién sabe

qué motivos irán a dar ahora para no contratarnos. Reducción de personal, reducción de producción, disminución de ventas, reorganización racional de la Empresa... esa famosa palabrita, *racional*, que usan para justificar cualquier abuso. Tenemos derecho a que nos contraten por ser hijos y nietos de hombres que dejaron los pulmones en la mina. Y para qué hablan de otro paro, cuando ya nadie quiere paros: sólo provocan a los señores... Estamos seguros de que, si la Empresa quiere, convertirá el entierro de los cajones, blancos con el alma de nuestros antepasados, en un baño de sangre.

13

En la casa de la Bambina, Vicente Norambuena, de noche, murmura sí, claro que me salí del sindicato, pero clandestino voy a seguir trabajando con ustedes.

Tanto clandestino que hay, oye, comentan las putas no apetecidas, tiritando de frío al servir otra rueda de cervezas pílsener. Ahogan sus bostezos y abandonan sus efigies harapientas para que las representen entre los hombres; sus fantasías, mientras tanto, huyen, las llevan a refugiarse en cualquier calor recordado, un abrazo de hace tiempo, una colcha de plumas que tuve que vender, un gato cariñoso que se me murió, parece que de tisis porque tosía mucho. Ahí están, esperando sin mucha ilusión a que alguien las requiera.

Los mineros juntaron treinta y dos cajas con los nombres pintados, pero faltan doce porque son cuarenta y cuatro los desaparecidos del pueblo... ¡cuarenta y cuatro! ¡Quién lo creyera! Tenemos que enterrarlos a todos. Chiquillas, que nadie, ni ustedes, se quede fuera de esta parada, porque el cura Astudillo va a venir del norte a decir misa en Chivilingo. Sin que nadie se dé cuenta, la Valeria se desprende del grupo para ser la primera en transmitirle este dato a la Bambina, instalada en su piso en el pasadizo, junto a la puerta. El carbón del brasero resplandece en los tobillos tubulares de sus medias de lana y enciende miradas rojas en los cristales de sus anteojos. Alguien abre la puerta de calle. Entra, cierra, saluda, pasa para adentro.

—Es el Nelson Villagrán —lo identifica la Bambina.

—Sí, el Nelson —asiente la Valeria, y la luz del salón, por un segundo, tiñe de mucosa femenina la seda de la cortina entreabierta—. Se sentó a la mesa de Vicente Norambuena.

—Anda para adentro y te sientas a su mesa. Después vienes para acá a contarme.

Las brasas entibian las zapatillas de fieltro de la Bambina. Se queda con los codos clavados en las rodillas, su frente apoyada en las manos, porque con el frío le duele la cabeza. Tiene los anteojos fijos en el rescoldo del brasero. Desde el salón, detrás de la cortina, las agrede el rock: un hastío extranjero que a ellas no les interesa. Los hombres murmuran, y cuando los hombres murmuran, las mujeres callan. Ellas no entienden lo que ellos hablan: ¿por qué no nos llevan para adentro? No está corriendo la plata y la Bambina se va a poner de malas. Un manotazo de viento y mar hace entrar a Arístides. Cierra con pestillo por dentro. Desde la falda de la Bambina el Florín le gruñe a Arístides, que pasa de largo y entreabre las cortinas del salón.

—No hay casi nadie —comenta.

—Una mesa de seis.

—No es mucho.

—Y otra de dos.

—Y uno en la barra. Se fue a sentar. Están hablando. Parece que ninguno va a ocupar a las chiquillas.

—Pero consumen.

—Una porquería. ¿Dos vueltas de pílsener?

—Pero hablan.

—¿Qué dicen?

—Lo de siempre. Aunque parece que ahora están con miedo, porque alguien anoche vio llegar un camión blindado que descargó armas en una barraca de la Empresa. Estos pobres diablos están dispuestos a cualquier cosa si la Empresa intenta algo contra la romería...

—¿Dispuestos a qué?

—Dicen que ellos también tienen armas.

—¡Cachivaches! Cuchillos romos y pistolas viejas, o unas bombitas que ellos mismos fabrican con detonante que roban de la mina. Pero oye: la Empresa trajo metralletas último modelo, sudafricanas, preciosas dicen que son. Para hacer puré a estos cobardes muertos de miedo de perder el trabajo. Pero vas a ver: no va a pasar nada.

—Mmm... Dicen que para callado viene un curita a decir misa en Chivilingo cuando hagan la romería. Me dijo la Valeria que allá adentro estaban diciendo. No va a venir. No va a reclutar la romería. No va a pasar nada. Nunca pasa nada.

Arístides resolló:

—La noticia del cura Astudillo no le va a gustar nada a la Empresa. Curas de mierda, metiéndose en cosas que no entienden. Si se mete un cura, la Empresa va a tener que andar con cuidado, mira que la carne de cura es muy indigesta. Y en la Empresa tienen otras cosas de que preocuparse, no de curitas ni de oraciones.

En el salón un minero baila con la Cuca. Le decimos «Cuca», quién sabe cómo se llama, porque es la más fea, sumida la encía superior como la de una anciana. Cuca también porque, cuando llora —y es muy llorona porque dice que las muelas que le faltan le duelen con el frío y le están penando—, es como si gimiera igual que las *cucas* de las fuerzas de orden que vienen a dominar cualquier manifestación que no les guste.

Los hombres no miran a las mujeres, que parecen escucharlos sin oírlos; están cansadas de oírlos desde que murió Antonio Alvayay. Simpático el Antonio, a veces venía para acá a consolarse con nosotras cuando la Elba y el chiquillo se le ponían insoportables. La Valeria no toma nada. Se mantiene alerta, atrapando cada palabra pronunciada por los hombres, para atrapar con ellas a la Bambina: así me dejará traer a vivir aquí a mi hijito de cuatro años, lo tengo mandado a criar en el campo pero me sale muy caro, y no quiero que se críe como inquilino de fundo no más. Las otras putas no prestan atención. Odian a la Bambina, que se cree porque antes tenía circo, mientras que ellas, las pobres putas como yo, somos trashumantes invernales que hacemos una estación en la casa de la Bambina antes de zafarnos de ella, si podemos, para seguir a otra parte donde quizás la cosa se ponga más animada en la primavera.

14

Al día siguiente Arístides fue a la oficina de la Empresa a contar que iba a venir el cura Astudillo a decir misa en Chivilingo, y que todo el pueblo se estaba preparando. Los caballeros de terno oscuro le gritaron que él tenía la culpa por descuidado, ahora vas a tener que impedirlo, queda poco tiempo, que no vuelva ese agitador que estaría fondeando en la cárcel si el obispo no fuera de su misma ralea. Mucho mangoneo nos costó sacarlo de la parroquia. Vamos a traer a un curita como los de antes, no de éstos que promueven desfiles herejes con cajas de muertos que no existen. ¡Así que ese diablo del cura Astudillo sigue en contacto con la gente de este pueblo! Por carta, supongo. Tú no tienes nada que suponer, Arístides; tú consíguenos las cartas que prueben que el ex dirigente sindical y la iglesia están en contubernio. ¿Iván Alvayay le dicta las cartas a la Elba y ella quema las respuestas después de leídas? Nos gustó mucho que ahora que murió Antonio, que era harto buen barretero, te dediques a consolar a su viudita. ¡Cásate con ella, hombre! ¡Imagínate el prestigio que esa familia tiene en el pueblo! Aunque digas que ya nadie se acuerda de Iván Alvayay, aquí en el pueblo lo creen una especie de santo. ¡Desarticula su proyecto! ¡Esto de los cajones que se le fue a ocurrir! ¡No puede haber salido de una mente sana! ¿Treinta y cuatro cajones, dices? No, tú no puedes decidir qué es lo que tiene importancia y qué no; nosotros somos los que decidimos. Debes contarnos todo para poder defendernos. Tuya será la culpa si ahora pasa algo. Es necesario que la gente se dedique a su trabajo y deje de pensar en política y en cosas criminales. Claro que son criminales, puesto que piensan llevar armas para atacar y después decir que somos nosotros los que comenzamos matando mujeres y niños. Si atacan cuando les prohibimos algo, claro, tenemos que defendernos. Entonces ellos dirán que somos nosotros los que usamos la violencia para someterlos y que en este país ya no existen la libertad ni la justicia, y que por eso se ven obligados a defenderse. Tú tienes que ocuparte de que no se lleve a cabo esta romería: estamos dispuestos a echarte del Pabellón si no lo logras. No tienes contrato más que de palabra y hay mucha gente interesada en tu trabajo. ¡Mira que si cantan la Internacional durante el desfile...! ¡Son muy capaces! Tú tienes que encargarte de que la gente piense en otra cosa, aunque sea anunciando que la Bambina va a montar su circo otra vez...

Y los señores se ríen: muy regalón te tiene la Bambina. Viejaza estará. La has servido todos estos años, así es que a su tiempo te dejará en herencia todos sus haberes. No se te olvide preocuparte de que arregle sus papeles, no le vaya a pasar lo mismo que a tu María Paine Guala. Y cuando todo sea tuyo, te ayudaremos a montar un buen negocio aquí, lo que quieras, un monopolio de tragos, por ejemplo, para que tú controles todos los bares clandestinos del pueblo bajo nuestra protección... lo que quieras, con tal de que no se lleve a cabo la romería. Ahora vuélvete al Pabellón. Ya es hora de que cierres la reja. Cómo no, señores. Hasta otro día. Hasta otro día, Arístides. Avísanos la fecha de llegada del cura Astudillo con anticipación.

¡Mira que venir a agitar a esta pobre gente que no tie-ne otro capital que su trabajo y que, por culpa de la política, puede perderlo todo si los despedimos de la mina! Pero no te preocupes mucho, que no va a pasar nada. Nunca pasa.

Y Arístides se va, y corre de un lado para otro bajo los árboles del parque, soplando su silbato para expulsar a los rezagados y a los jardineros remolones que se quedaron dormidos al pie de un pimiento, con una botella de vino al lado. Cierra la puerta con llave y va a buscar el catalejo. Como está oscureciendo, se instala en la glorieta de la puntilla, enciende su luz de carburo y enarbola el catalejo.

15

Sale a lavarse el pelo otra vez. Le tengo repugnancia a mi madre desde que anda con los ojos alucinados, fijos, como si viera cosas que nada más que ella puede ver. ¿Murciélagos...? Me aparto. Pero no mucho, porque tengo miedo de que se enoje conmigo y me mande de vuelta al Hogar, donde me castigan por cualquier cosa, como no hacer mis tareas. Se puede acordar de que no me quieren guardar la plaza más que por unos cuantos días...

Me aparto porque se lava el pelo maniáticamente, dos, a veces tres o cuatro veces al día, y se escarba la melena y se rasca hasta gritar y queda con las puntas de los dedos con sangre. O se esconde y no se acerca a nadie. Ni a mí, que a veces la quiero a pesar de los murciélagos que se quedaron viviendo en los socavones de su pelo. Y cuando se encuclilla al lado de afuera de la choza, con el pelo esponjado, antes de que las criaturas que rasguñan y se enredan hayan salido de su melena a revolotear en la oscuridad, la oigo enloquecer. Está agotada con el castigo, repite, nunca termino de sacármelos, como si fueran ladillas. Uno de estos días me voy a afeitar la cabeza. O me la voy a cortar.

Toño sabe que no lo hará. ¿Con qué convocaría a don Arístides si se afeitara la cabeza? Si se cortara el pelo, se desangraría. Le está haciendo mal lavarse tanto, pero lo hace porque desde la glorieta don Arístides está espiándola, y este lenguaje de signos la trastorna. Siente en su nuca la lente de Arístides quemándola. Por eso me dice: tráeme agua, Toñito, necesito más agua. Lo que quiere es mandarme de vuelta al Hogar para quedarse sola con él. Pero no sabe si quiere que me quede o si quiere que me vaya. No sabe qué hacer, como ese domingo cuando mi padre bajó a la mina a hacer sobretiempo y así tener plata para los remedios que me exigen en el Hogar. La vinieron a llamar con urgencia: era del Hogar, llegó a avisarle un mensajero en bicicleta y la Elba corrió al locutorio.

Que venga, señora Elba, que venga ahora mismo, estamos desesperados con el niño, ya no sabemos qué hacer con él, no sabemos cómo controlarlo. No es que tenga mala conducta, pero es mañoso y necesitamos una autoridad familiar que venga a responsabilizarse. No, no le pasó nada grave, o no sabemos qué le pasó; es que cuatro chiquillos más grandecitos lo agarraron y le echaron hojitas por la camisa diciéndole que eran arañas y él empezó a llorar; se desvaneció y hubo que acostarlo. Hace cuatro días que no ha querido levantarse porque dice que está enfermo de los nervios y no hay fuerza ni castigo que logren sacarlo de la cama. Siempre le están pasando cosas así, cosas raras, señora Elba: si no le permitimos hacer lo que quiere —como ahora que quiso quedarse en cama rezándole a la Virgen—, pone los ojos de cierta manera, como mirando para adentro, y después se desploma sin conocimiento. Lo revisaron los médicos. Lo sometieron a toda clase de análisis. Lo vieron neurólogos, psicólogos, psiquiatras. Hablamos con su confesor, y nos dijo que era un niño normal aunque tal vez se le estuviera preparando una adolescencia difícil. Tan llorón para su edad, y mentiroso: cuenta que vive en un palacio frente al mar, con una torre tan alta, tan alta, que se asoma por encima de los magnolios. Cuando los chiquillos le hacen bromas después de escuchar sus fábulas, sufre sus peores ataques... y esta mañana, cuando quisimos sacarlo de la cama para que fuera a misa, no quiso, y se cayó al suelo pataleando. Está pálido, en cama, con los ojos fijos. Por eso la llamamos a usted, señora Elba, para que hable por teléfono con Toño. Él mismo lo pide.

—¿Qué te pasa?

—Es que me dio uno de mis ataques.

—¿Por qué?

—Porque aquí nadie me quiere.

—¿Por qué dices que nadie te quiere?

—Porque me pegan.

—¿Quiénes te pegan?

—Mis compañeros. Quiero irme a la casa.

—Te quejas porque tu papá te pega, y ahora lloras porque quieres venirte a la casa...

—Sí, pero usted me defiende.

—A veces yo también te pegaba.

—Claro. Y me daban ataques. ¿Se acuerda?

—¿Cómo no me voy a acordar?

—Claro, cómo no se va a acordar, si todas sus peleas con mi papá eran por culpa mía.

—No todas.

—Pero las peores.

—No sé.

La Elba colgó el teléfono cuando el niño comenzó a llorar. ¿Qué hago? ¿Correr a la ciudad para traer a Toño sin consultar a mi marido? ¿Comenzar de nuevo todo el proceso infernal, las discusiones terminadas en golpes y llantos, y él huyendo a desquitarse en la casa de la Bambina? ¿Volver a mis acusaciones a Antonio por huir de mí, por gritar, por golpearme, o si no por exigirle una conducta de persona mayor a un pobre niño enfermo de quién sabe qué? ¿No ves que no tiene nada, que son puras mañas? Un hijo mío no puede estar enfermo de los nervios, como tú quieres. ¡No digas que soy yo la que quiero! El abuelo apoya a Antonio, jurando que jamás se ha oído decir que un hijo de obrero esté enfermo de los nervios; eso es un lujo, ella se lo está inculcando al niño, lo consiente, no le impone castigos cuando huye al parque, algo que tiene prohibido porque quién sabe qué cochinadas le estará enseñando el desclasado de Arístides, que no habrá dejado infierno por conocer.

Antonio interrogó de hombre a hombre a Toño sobre este punto. Nada. No entiendo de qué me está hablando, papá; es usted el que me está enseñando cochinadas con sus preguntas; le juro que nada. ¿Mentía? Y hoy el llamado urgente del Hogar, su vocecita delgada al otro extremo del hilo telefónico llamándola: mamá, mamá... ¡Dios mío! ¿Con quién repartirme esta responsabilidad? ¿Cómo decidir sola? No está dispuesta a discutir el asunto con el abuelo, porque le va a decir que es una tontería hacerle caso a un chiquillo mentiroso: cuando crecen, se les quitan solas estas mañas. Ella no puede viajar a la ciudad dejando al viejo todo un día. Falta Antonio para que decida por ella, o con ella. Lo odia porque la dejó sola este domingo en que bajó a su trabajo en la mina porque hay que financiar los remedios para Toño. ¿No alegas que está tan enfermo?, le grita él: es por ti, por tus ruegos, dices que hay que hacer algo, ¡por eso bajo a la mina el domingo!

Si Antonio estuviera aquí, las cosas se aclararían siquiera por un momento, los llantos y los golpes resueltos en la cama alborotada para hacer las paces, ambos perplejos ante la satisfacción no satisfecha, la Elba sometida, violada con cualquier resolución que no resuelve nada. Cierra sus ojos. Rencorosa, lo deja hacer; no tengo otro premio que la vanidad de Antonio al encontrar en mi cuerpo algo que pierde en los otros. Pero, ¿y yo? Esto no es suficiente. Me tengo que tragar el llanto que se me acumula adentro, y olvidarme de que esto es lo que se llama placer.

¿Cómo enviar un mensaje de mi desconcierto, pero que no delate mi rencor, hasta el fondo de la mina, para que él suba a decidir por mí, o conmigo? Si le mando mi ruego con alguien, dirá con desdén: mujeres tontas. Se reirá con sus compadres, miren que molestarme porque el chiquillo se le enferma. ¿Para qué las tiene uno, si no es para que se ocupen de los chiquillos? Si, en cambio, Antonio se viera enfrentado cara a cara con ella, cuyo cuerpo él ha convertido en su víctima porque la destierra del placer, la presencia vulnerada de la Elba se le impondría a Antonio, porque para retenerlo, no sabe con qué insatisfactorio fin, consiente en quedar varada mientras las otras mujeres navegan con el trofeo de un aplomo que a la Elba le parece de origen evidente. Cada noche ella renovaba su esperanza de que los brazos de Antonio, ciñéndole el talle e inmovilizándola mientras el oscuro aliento masculino animaba su cabellera, le confirmaran un cambio en el registro de lo que para ella tenía una realidad tan remota como el espectáculo en la pista de un circo. Pero cada noche debo recomenzar el aprendizaje de que mi cuerpo tiene que seguir siendo idéntico a mi cuerpo, pero distinto a mí. No hay mensajero capaz de bajar a la mina a llamarlo, salvo yo misma, ni nada obtengo mandándole emisarios que le comuniquen la urgencia de subir, tal como yo siento esta urgencia.

—¡Chiquillo de mierda! —diría Antonio tomando su picota, sin considerar la posibilidad de obedecer el llamado de la Elba—. Mujer histérica. Ya sería hora de que estuviera acostumbrada.

16

Anoche, cuando con el amor de Antonio mi cuerpo comenzó a desentumecerse para esbozar una réplica, alcancé a vislumbrar la silueta de mi placer, bosquejada apenas en mi horizonte. Para alcanzarlo me abandoné, agitándome bajo él, que me pegó un bofetón: que no me moviera, me mandó. No te quejes. No me manosees. No goces. Yo soy el que estoy culeando, no tú. Tú no eres una puta para que te revuelques en busca de tu placer. Recibe mi placer: eso tiene que bastarte.

Cuando él quería mujeres de las otras, las iba a buscar a la casa de la Bambina. No se había casado con ella para esto. La bofetada cortó el aliento de la Elba, y la ansiada silueta del placer se desbarató en su horizonte antes de completarse. Ella quedó convertida en un nudo vengativo por haber sido reducida, como siempre, a receptáculo del placer de Antonio. Una actitud que no fuera la docilidad sería transgresión, la impudicia inaceptable de un cambio de roles. Pero la transgresión mayúscula, la que sintetiza todas las demás, será bajar ahora mismo para que mi lesionado cuerpo de mujer le diga a mi marido: Toño está enfermo, tienes que ir a buscarlo, e imponerte.

Es honda la mina; la tentación, vertiginosa. El mareo de bajar ahora mismo sin calcular las consecuencias ni las caídas. Es necesario transgredir para poder alcanzar la gloria de ser algo diferente a la impavidez de su cuerpo siempre abajo, siempre igual. Es imposible romper ese esquema o alterar la grotesca danza: ella inmovilizada, aplastada por ser amada pero no amante, anhelada pero no anhelante. Sin viaje ni aventura. Él acezando, como si arara en su cuerpo despojado del juego. Solamente la función de cavar en la mina, rompiéndole las entrañas hasta dejarla endiosada por aceptar el placer como una ofrenda que no se comparte. Pero ahora tiene que ser distinto. ¡Que Antonio sienta mi invasión a los sótanos exclusivos de los hombres, mi cuerpo de mujer presentándole una fuerza capaz de desacompasar el ritmo con que su picota me agrede! Que se viera obligado a oírla, a seguirla, transformando al conquistador en conquistado al verla aventurarse en su espacio subterráneo.

¿O bastará la sencilla iniciativa de tomar un bus que la lleve a la ciudad para traer al niño sin consultar a nadie? ¿Pero cómo dejar al abuelo agonizando solo en su choza, cómo soportar las recriminaciones, incluso la violencia de Antonio, por haber abandonado a su padre? La Elba nunca fue de amistades femeninas solidarias. ¿Cómo, si es hija de la Canario? Lo dicen las comadres, que para ella no preparan tisanas ni cuidan a su hijo. Y la Elba no se acerca a ellas porque sabe que Antonio desprecia el cerrado círculo de la cháchara femenina. Pero, claro, la Canarito era la madre de la Elba, tenía el pelo vivo y luminoso como un chorro de avena y por eso era un ser aparte. Las mujeres me preguntarían, se meterían en mi vida, sería necesario explicar...

¿Y pedirle ayuda a la Empresa? No. Ellos odian a don Iván y a su familia. La dejarían frente a la puerta cerrada, hoy domingo. Dicen que no les gusta que los molesten los domingos en sus jardines. Reciben visitas, parientes, toman refrescos de colores en vasos donde tintinea el hielo, se van de paseo al campo o a la ciudad.

Pero dicen que don Arístides tiene acceso a ellos cuando quiere. Sí, hablar con don Arístides para que ellos me traigan al niño y cuando Antonio llegue en la tarde ya lo encuentre aquí. Este escalofrío que es otra cosa, que no es escalofrío y que se desata en mi carne cuando pienso en don Arístides, me empareja con él: Arístides sucio, yo sucia para los ojos de Antonio que me ama, pero don Arístides es sucio junto conmigo, y degradado —¡oh, el descanso de ser degradada junto a un igual!—, él y yo deseándonos, porque ambos aceptamos el desprecio. El éxtasis de lavarme el pelo frente a ese incansable catalejo. Exhibo lo que Antonio no me permite ser... pero que sí soy para Arístides mientras Antonio cava en mi cuerpo forzosamente inerte. ¿Se reirá Arístides si yo lo trato de «don»? Yo, una Urízar según él: poderosa, aunque ese rango permanezca sepultado bajo generaciones femeninas de Lenguas Mochas incapaces de proyectarlo. No, Elba, no me digas «don», díme «mi pichito rico», como cualquier mujer comprada, dímelo prosternada ante mí como te prosternas ante don Iván, que es incapaz de ponerse los calcetines sin tu ayuda.

Le sirves de comer, Elba. Sin la ayuda de Toño, que te hace falta para estos menesteres, no logras acostarlo. Después comes un plato junto al fuego que encendiste en la arena, sin mirar mi lucecita de carburo entre los árboles: estoy esperándote. Antes de subir, entras a comprobar que el abuelo duerme. Como te veo salir arrebozada en tu chal, calculo que el viejo respira tranquilo en su sueño. Sentada junto al fuego esperas a que las nubes establezcan el crepúsculo. De un tirón arrancas el pañuelo que protege tu pelo del olor a pescado que has estado friendo, y te encaminas al promontorio.

17

Se agita mi corazón de plomo. Vienes a ofrecerte a cambio de algo. No importa. Estoy acostumbrado a las transacciones sórdidas. Subes al parque cuidadosamente, agarrándote de las matas, disimulándote de modo que nadie te vea acudiendo a mí. Apago mi lucecita. Me refugio dentro del Pabellón: adentro, espero como un portero para abrirte.

La Elba golpea con suavidad. Cuando abro, retrocede a un escalón inferior para mirarme enmarcado por la luz del vano.

—Entra... —le digo.

—No.

—¡Qué flacuchenta estás!

—¡Ayúdeme, don Arístides!

—Desde aquí te veías más rellenita.

—Antonio bajó a la mina.

—¡Pobre bruto! ¡Cómo trabaja!

—Por el niño.

—Si no quiere al niño.

—No, el pobre.

—¿El pobre quién?

—No sé. Los dos.

—¿Qué le pasó a Toño?

—Está enfermo. Que lo vayamos a buscar, dicen.

La Elba retrocede otro escalón, como si fuera a huir. Desde ahí ve a Arístides gigantesco, arquitectónico, como si tuviera sobre sus hombros todo el peso de la historiada mole de ladrillos y cemento. Ante la plañidera historia, él se ofrece para bajar a la mina y convencer a Antonio de que es su deber ir a buscar al niño. No, don Arístides. A Antonio no le gusta que lo manejen. A usted le rompería la cara con un golpe de picota si se atreviera a sugerirle una solución: se la tiene jurada porque adivina que, cuando él no está, usted me mira desde aquí. Dirá, como siempre: lumpen, desclasado de mierda, soplón.

¿Para qué voy a meterme con brutos como Antonio Alvayay? Si la Elba quiere comunicarse con su marido, entonces que baje ella a la mina, que rompa el estúpido tabú, que desafíe el poder maligno para ir a decirle cara a cara a Antonio:

—¡Ven...! Te necesito. Anda a hacerte cargo de tu hijo y tráemelo.

Arístides afirma que un enfrentamiento no debe ocurrir. Toño es tan frágil que cualquier remezón puede romperlo. Un obrero como Antonio Alvayay no puede saber cómo se maneja a un niño hecho de materiales más finos. No sé por qué se extrañan de que Toñito sea delicado, como tu madre, la Canarito. Acuérdate de que cuando cualquier muchachón se acercaba a ella, se ponía colorada y se le saltaban las lágrimas de timidez y orgullo. El niño salió a ella. Si se casó con un pescador, fue para confundir su estirpe con la gente de este pueblo. ¡Que se olvidaran de que ella era un ser especial! ¡Pero yo no lo olvidé! Hay que tener paciencia. Tú misma tienes que bajar a la mina, tienes que atreverte, y las palabras de Arístides la convencieron: bajar a las tinieblas es lo que anhelo, aventurarme a ese recinto cuya entrada los hombres vedan a las mujeres, acusándonos de manejar poderes que sólo existen en sus fantasías.

—No puedo, don Arístides.

—¿Por qué?

—Usted sabe.

—Sí. Pero puedes mentir.

—No sé... ¿Cómo?

No oí sus palabras porque las olas reventaban en las rocas, aunque parece que me dijo: yo te voy a enseñar a mentir... O no lo oí por el quejido de la escoria al asentarse para avanzar. Salió del Pabellón y cerró la puerta. Bajamos la escalinata. Salgo de la propiedad detrás de él por entre los alambrados. Me advierte al llegar a las primeras casas que, para evitar murmuraciones, y quizás venganzas, es preferible que no nos vean juntos, aunque es cierto que a esta hora de la noche ya no transita casi nadie. Me indica que en las callejuelas lo siga por la vereda de enfrente, unos pasos más atrás, como si no nos conociéramos.

—¿Adónde vamos?

No me contesta porque sabe que yo sé. Sigue adelante. Al otro lado de los rieles el mar agoniza en la playa inmunda. Los rostros de las casas de idéntica altura se van desplegando monótonos, una puerta, dos ventanas, otra puerta, otra ventana, hasta que alcanzamos las afueras del pueblo. Frente a la casa de la Bambina, igual a las otras, don Arístides se detiene haciéndome una señal para que cruce la calle. Entonces golpea la puerta.

—No —le dice la Elba.

—¿Por qué?

—Me mata si llega a saber.

—Antonio mismo a veces viene...

—¿Y don Iván?

—¿Estás casada con el padre o con el hijo?

Ella lo piensa un segundo:

—Con los dos, parece.

Alguien abrió desde dentro. Pasa no más, la invita Arístides, cerrando la puerta detrás de ella. En el pasillo oloroso a rescoldo de carbón de espino, oyó otra voz que la acogía:

—¿La Elba...? Felices los ojos...

Era casi ciega y estaba mintiendo igual a como yo misma —aunque todavía no sabía de qué manera— iba a mentir. La Elba reconoció al instante su voz áspera de cigarrillos y pasodobles de juergas olvidadas. A veces, en la multitud del mercado, ella pasaba detrás de la Bambina cuando la vendedora le entregaba un melón para que lo golpeara y pudiera saber si estaba maduro. Decía:

—Éste no está bueno.

—Lléveselo, caserita. Está rico ese melón...

—Voy a ver en otra parte.

Se da vuelta para alejarse, conducida por el Florín. La mapuche murmura en voz baja: puta de mierda. ¿Era como los murciélagos la Bambina, entonces, que reconocía sin ver, sin que la persona hablara? ¿Estaba dotada de aparatos sensoriales distintos a los de la otra gente, que identifican y guían? Era casi ciega, como ahora. Cuando yo era chica, no me vio desarrollarme ni crecer, y nunca cambiamos una sola palabra, pero entendía que yo era yo. Me tenía fija en la crónica de su mente y del pueblo; y ahora yo quería dejar de ser yo para engañar.

Don Arístides le explica algo que no entiendo, pero es lo que necesito. En el pasillo, sus dos siluetas, más espesas que el resto de la penumbra, cuchichean, y más allá del vislumbre rosado de la cortina se arrastra el desaliento de la música en el salón.

—Ven —le dice la Bambina a la Elba.

Abrió la puerta bosquejada en una pared, y entraron. El Florín se encaramó de un salto sobre la colcha revuelta por quién sabe qué cuerpos. La Bambina se sentó frente al ropero, en la cama: la luna oval también está ciega, no queda más que la cuenca vacía de ese óvalo que en su tiempo contuvo un ojo.

—Tienes que ir a buscar a tu hijo —dice la Bambina, como si el asunto la involucrara en un papel de miembro de la familia—. Y tienes que ir tú. Cuando crecen, no se olvidan si no fuiste cuando te llamaron, y te joden la vida, porque no perdonan. Anda a la ciudad y tráete a tu hijo, aunque Antonio te diga que no. Si don Iván lo maltrata, tráemelo para acá, yo te lo crío. Las chiquillas son flojas pero cariñosas, y tienen todo el día para cuidártelo. Pero primero anda a hablar con Antonio, para que después no te pueda echar en cara que hiciste las cosas sin consultarlo.

Arístides abrió el ropero. Adentro relucían vestidos de colores encendidos o pálidos. Sus vestidos de artista, pensó la Elba, porque el pueblo le atribuía un pasado legendario de artista circense o cabaretera a la Bambina. Todo eso fue en un tiempo tan añejo que había hecho desvanecerse los tules y quemado los colores, reduciendo a la Bambina a este ser construido con elementos descartables: la peluca rubia recogida en un moño, los anteojos oscuros, la fantástica plancha de dientes. Pero era famosa la precisión con que calculaba la cantidad de botellas vacías que al amanecer dejaban los parroquianos. Entonces, con sus garras crueles, contaba, separaba, repartía sus sospechas y castigos, señalando con el índice arqueado, que ya no podía enderezar, a la culpable. Mientras, Arístides remecía a la puta aterida, acusándola de haber robado cuatro medidas de pisco para el frío, y el

Florín ladraba atiplado, con sus colmillos descubiertos para morder la pierna de la autora del delito.

—Quiubo, sácalo... —urgió la Bambina, siguiendo las maniobras de Arístides, con el Florín a su lado—. Busca tú, que eres menos torpe —le dijo luego a la Elba, como si ella supiera.

Entonces, sin estar segura de lo que debía buscar, pero con la certeza que tienen algunas mujeres para mover las manos entre los trapos, hizo suspirar los cansados rasos y tintinear los brillos, hasta que sin poder resistirlo agarró una gran brazada de prendas, las desprendió de la barra y en un revoltijo de colores las tiró por el suelo, arrodillándose junto a ellas.

—¿Qué hiciste...? —le preguntó la Bambina.

—Los botó, va a tener que recogerlos uno por uno y doblarlos y colgarlos —amenazó Arístides.

—No —dijo la Bambina—. Después llamo a la Sandra para que los cuelgue. ¿Te quieres servir un vasito de algo, mijita? ¿No? ¿No quieres compromisos con esta casa? Bueno, no importa. ¿Qué vestido te gusta más?

—Éste —dijo la Elba.

Revolvió las prendas de saltibanqui sin fijarse en ninguna, pero regodeándose con la mezcla de reflejos mientras la Bambina le contaba sobre la Araña Contorsionista, la Princesa Malabar, el Choclo: ¡qué divertido era cuando yo bailaba el Choclo con dos corontas así de largas y me hacía la que chupaba una y me metía la otra...!

—Ése, ése es el más lindo —exclamó la Bambina cuando la Elba sacó una malla de luces verdes—. Ésa es la Araña... ¿Quieres que me lo ponga...?

Pero Arístides le arrebató la malla en el momento en que sus garras se apoderaban de ella, no es la Araña, se acabó la Araña, se quemó la malla, la tuvimos que tirar a la basura, no llores, que la Elba se va a reír de ti, mentira, Arístides, tú tienes la Araña en la mano, estoy casi ciega pero alcanzo a ver las mostacillas verdes que no engañan, no la escondas, no seas malo conmigo, no cuelgues los vestidos, Elba. Ya está bueno de huevadas, Bambina, quédate callada si no quieres un sopapo, tenemos mucho que hacer y no vinimos a buscar disfraces como antes, cuando los prestabas para las representaciones de los mineros. No te levantes. No te metas. Ya están colgadas en el ropero tus porquerías.

Arístides hurga otra vez en el ropero sin ojo, yo sé lo que quiero, yo sé donde está lo que necesitamos. Aquí no, acá; mira: éste es el overol que andaba buscando. La Bambina se secó las lágrimas y comenzó a reírse a carcajadas recordando aquella noche de juerga brava cuando un minero tuvo que dejar en prenda su overol por su consumo y por todas las vueltas a que había invitado, y se tuvo que arrancar desnudo bajo la lluvia, y todos los que lo habíamos desnudado a la fuerza nos quedamos riéndonos y despidiéndonos desde la puerta, gritándole mientras se arrancaba a toda carrera calle arriba completamente desnudo. Aquí está el overol. Tómalo, Elba. Fue mucho lo que gastó, porque se llevó a una de las chiquillas para adentro y después no tuvo con qué pagar. También le quitamos la bufanda: mírala. ¿Qué estaríamos festejando esa vez, no? Ya no me acuerdo.

—Póntelo —le mandó Arístides.

Titubeaba. La Bambina sonreía:

—¿Te da vergüenza?

Dijo que sí. Arístides se rió suciamente.

—Sal de la pieza —le mandó la Bambina.

El overol me quedó bien aunque los zapatos eran demasiado grandes y pesados. No importa, no puedo bajar a la mina con alpargatas, y tanto que pesa este casco que me sombrea la mirada: desapareció mi miedo de mujer, estoy libre de esos poderes que me vedan el acceso a la mina, ahora tengo a mi alcance el placer de la transgresión y todos los otros, eliminando castigos y maleficios. Estoy lista para mi exploración, gracias a las artes de esta hechicera veterana.

Cuando Arístides volvió al dormitorio, dio un respingo al verme ahora sin vergüenza y sin temor: su mirada, también distinta, era tan limpia como si reconociera a otro hombre.

—Embózate en la bufanda —me dijo.

Le obedecí.

—Todavía te pueden reconocer.

—¿Qué hago?

—Tíznate la cara con rimmel, como si fuera carboncillo de la mina. A esta hora nadie se va a dar cuenta de que es medio verdoso —dijo la ciega—. Ahí está, encima de la mesita.

Arístides, tan delicadamente como si estuviera habituado a estos menesteres, humedeció la punta de sus dedos en la jarra y los untó en el maquillaje, acariciándome después las mejillas y la frente con sus yemas; mi carne se conmovió con el tacto. Cuando estuve lista, me dijo ya, vamos al salón, llegó más gente, vamos a ver si te reconocen los compañeros de trabajo de tu marido. Vicente Norambuena es su amigo, y si él no te reconoce, entonces quién. Tampoco te van a reconocer las mujeres soñolientas con que Antonio a veces se acuesta, cuando anda con plata, cuando saca a bailar a una de las chiquillas.

Sonámbula, me acerco a cualquiera de las

mujeres espectrales junto al mostrador, de ésas a las que Antonio permite buscar aquello que en mí prohíbe. Los de la mesa ni me miran cuando paso. No levantan la vista para mirar a la Suzy girando en mis brazos sin hablarme, hasta que pregunta cómo te llamas en medio de un bostezo que se traga la pregunta: yo salgo corriendo a todo escape mientras la Suzy, congelada de asombro en el medio de la pista, despierta y termina su bostezo y los hombres de la mesa alzan apenas la vista para presenciar mi huida. La Bambina, en el pasadizo junto al brasero, me grita desde la puerta: ¿adónde vas?

18

La Bambina sabe. También don Arístides, aunque no aparece a decirme qué debo hacer. El Florín se queda ladrándome mientras yo me alejo calle arriba hasta que ya no lo oigo, y dejo de correr porque los zapatos de minero me pesan, y me pesa el casco, y bajo una cuesta, y tomo un atajo que cruza el barbecho hasta que diviso el garabato de las maestranzas frente al cielo. Paso la barrera sin levantar la cabeza, para no tener que saludar al guardia que vigila a los que entran a los terrenos de la mina.

Por entre las edificaciones y las oficinas cerradas me encamino hacia la gran torre de fierro. Allí espero, disimulada como puedo, alejada de la jaula. En un rincón me aprieto contra un poste, los remaches torturándome la espalda. Más allá los mineros fuman el último cigarrillo antes de bajar adonde está prohibido. El viento negro se rebana en los fierros. Llega la jaula y los dos mineros tiran sus cigarrillos, que pisan con cuidado. Entramos en la jaula. Yo me embarco por el extremo opuesto al que ocupan los dos mineros. Me quedo dándoles la espalda mientras ellos, en voz baja, hablan el indescifrable idioma de los hombres que comparten el mismo trabajo.

Repentinamente, algo se suelta, y la jaula, controlada, cae al vacío, caemos, caigo, yo temerosa de que este avión me despoje de mi ser femenino dejándolo arriba, colgado como una enagua que no se prendió a mi cuerpo. Suavemente, la jaula se detiene abajo. Salen los mineros. Se adelantan, porque no son amigos de este minero que soy yo. Los sigo más lenta, imitando el largo ritmo de sus trancos. Permanezco en las inmediaciones de la oficina iluminada por una ampolleta, cabeza de varias galerías y rieles y cortadas y chiflones. Ante mí espera un tren de cuatro carros vacíos, dispuesto a adentrarse por cualquiera de esas negruras. ¿A quién dirigirme, sin revelar lo que queda de mi ser femenino, para preguntar dónde puedo encontrar a cierto Antonio Alvayay Medina, barretero? De la oficina salen mineros con la linterna del casco apagada igual que la mía, la cara tiznada, el overol sucio, los zapatos embarrados. Escucho lo que dicen: el próximo tren parte dentro de dos horas. No hay otro tren por el momento, comentan; el turno que trabaja en el frente ocho sale en dos horas más. Discuten si otros turnos saldrán antes, no sé, alguien sabrá, pero nadie está seguro, sólo lo sabe el empleado de casco y overol sentado a su mesa en la oficina. Grita órdenes a otros hombres que esperan adentro, dispone de los carros, las jaulas, los obreros, las herramientas, las maquinarias. ¿Esperar a Antonio parada aquí, donde en cualquier momento puede salir alguien de esa oficina en la que se están riendo? En este sector iluminado podrían examinarme y exigirme, preguntarme cosas que no soy capaz de responder. Por el momento, poseo los atributos de un hombre, por eso no siento temor; pero la discreción me hace ocultarme, alejándome lo más posible sin perderme en las galerías. Cuatro hombres con las pestañas ennegrecidas salen de la oficina y me escudriñan para desenmascararme. Quizás uno se acerque y me invite a que me una al grupo para dirigirme al mismo frente que ellos, donde voy a encarar a Antonio para que aprecie la magnitud de mi transgresión. Que le diga todo lo que quiera decirle, me aconsejó don Arístides. ¿Por qué carga mi cuerpo con tan difícil tarea? Fueron envolventes sus palabras que no recuerdo, cualquier cosa dicha por mi pareja degradada puede haberme transmitido sus impulsos. No quiero hablar con estos mineros. Tengo que avanzar por la Galería D, que es donde él trabaja, seguir por la oscuridad hasta que lo encuentre y decirle... pero ya no recuerdo qué le vengo a decir, ya no importa, importa la proeza de mi cuerpo incandescente que va avanzando por el interior nervado de las fortificaciones que ciñen el túnel como los anillos de una víscera viva que me engulle, se contrae y se estira, tragándome para luego excretar lo que quede: eso que queda soy yo.

Tras un viraje del túnel a mi izquierda pierdo mi relación con la luz de la oficina. Sigo por esta noche alargada, mezquina de aire y estrellas, avanzando por el intestino del carbón. Con la batería que llevo prendida a mi cintura, enciendo la luz de mi casco. Este ojo único abierto en mi frente puede ver sólo unos pasos delante de mí. No hay más luz que la que yo irradio. Camino cuidadosamente para no dar traspiés con mis zapatos pesados en las asperezas del suelo. Más allá de la luz de mi casco se inicia la noche absoluta, indeterminada, y sin embargo, después de unos minutos, la noche aparece estrellada a lo lejos: puntitos brillantes que oscilan, bailan, flotan en la oscuridad, un enjambre de estrellas vivas que se agrandan, ojos diminutos cuyo fulgor no me distingue. Me apego al muro porque sé que negarme es mi única manera de sobrevivir. No me puedo mover, escondida detrás de uno de los troncos de las fortificaciones, ni ingresar a otra cortada que puede perderme dentro del organismo de otro sistema de galerías sin letra ni número. Allá al fondo se está ampliando el cielo estrellado. Los astros, acercándose, bosquejan las siluetas de fantasmas de overol y casco encendido: una bandada de mineros con el ojo único iluminado. ¿Correr? ¿Hacia dónde, si estoy en el nudo mismo de la culpa? ¿Me reconocerán? ¿Cómo explicarles lo que hago aquí si lo he olvidado, disimulando mi identidad con mi cabeza gacha cubierta por el casco? Es imposible que no me vean, aun apagando mi luz. No respiro. No deben sentir mi presencia viva en medio de estos milenios de fosilización. No quiero ni saber qué harán conmigo si me encuentran: azotarme, despojarme de este casco y este overol a los que no tengo derecho, tirarme el pelo, herirme, violarme, castigarme, arrastrarme gritando por el túnel por ser la culpable de todos los males aún no acaecidos, y al hacerlo, feminizarme de nuevo como víctima pasiva, que es lo que ellos aceptan. Ya están cerca. Casi aquí. Mi perfil siente que un rayo de luz lo palpa: lo escondo en mi hombro, sus voces se alzan. Me rodean con su olor a trabajo, con la temperatura de sus respiraciones, distinta al aire del túnel. Sus ojos singulares se acercan y estrechan el círculo alrededor mío, sus murmuraciones multiplicadas por la bóvedas. Alguien, uno de esos caudillos que espontáneamente se eligen en toda congregación masculina por la razón brutal de una voz más ronca que las demás, los hace callar y pregunta:

—¿Qué estás haciendo aquí?

—¿Andas perdido?

—¿Adónde vas?

—¿Por qué escondes la cara?

Ante mi silencio, el caudillo se adelanta para exigir una identificación a este fantasma que les escamotea el rostro. Una mano se levanta hacia mí para tocarme y comprobar que no soy una alucinación, pero yo alzo mi antebrazo defensivo y la detengo: el choque de los dos brazos vuelca mi casco y desparrama mi melena, y sus miradas se enredan en mis mechas despavoridas:

—¡La Elba!

Estalla el clamor de sus voces furiosas. Me dirigen preguntas indignadas que ni oigo ni comprendo. Pese a que ya me reconocieron, mantengo mi rostro oculto, paralizada por la fuerza de sus rayos. Me agarran de los hombros, de los brazos, me sacuden. Yo me sacudo sus insultos inmundos, pero no puedo sacudirme sus manazas que me apresan. Alguien me toca la melena. Me doy vuelta. Hundo mi cara en la aspereza del muro, que la hiere. Me arrastran. Ya no puedo ocultarme. Me acarrean, yo debatiéndome como una bestia, hacia la oficina, hacia arriba en la jaula, con el cerco de sus máscaras amenazándome. Al desembocar, arriba, no recuerdo cómo, logré desasirme.

Me escabullo. Me escondo casi sin respirar, ciega y sorda de miedo, entre las estructuras incomprensibles de las maestranzas. Siento estremecerse el suelo bajo mis pies, y al rato vuelvo a oír voces. Pasan corriendo muy cerca de mí en la noche, oigo mi nombre mezclado a los aullidos con la noticia del desastre y las inútiles órdenes de salvataje.

—¡La Elba!

—Fue la Elba...

—¡Fue su culpa, trajo la mala suerte...!

Y por fin, cuando esas perras sanguinarias en que se habían convertido las mujeres se lanzaron a perseguirme por las escalerillas y las rampas, sus aullidos fueron ahogados por los gritos de la gente del pueblo que corría hasta la boca de la mina, por la sirena de la ambulancia, inútil porque no pueden rescatarlos, cómo los van a sacar, no encontraron sus cuerpos entre los escombros, y todo el pueblo se agolpó a la puerta de mi casa en el bloque Mackay... Pero nosotros ya habíamos huido a escondernos en la choza del Chambeque.

Cuarta parte

El pobre A.

19

Las cosas que sucedieron, sucedieron antes de la muerte del abuelo y la desaparición de la Elba. Varios años habían transcurrido desde el tranquilo deceso de la María Paine Guala, que fue como si la anciana hubiera llegado, durante su caquexia, a un entendimiento místico con el más allá, a efecto de que aquéllos que gozaban de la bienaventuranza la trataran con los miramientos debidos —de «doña», de «señora», de «usted» (no de «tú»)—, ya que con esta condición le había ofrecido a la divinidad los hombres de su descendencia, y sobre todo su nieto Arístides. Lo encerró en un convento de frailes españoles con los que tenía tratos en la ciudad; allí lo prepararían para la tonsura y para cantar misa, y así la fama de su piedad sanaría el estigma infamante que llevaba su nombre: «la María Paine Guala».

Pero, tal como sucedieron las cosas, sería el pobre Toño el que muchos años después iba a terminar por desempeñarse definitivamente como hermano lego, sirviendo como sacristán y ayudante a los mismos frailes españoles con que mantuvo tan buena amistad la María Paine Guala.

La Elba había desaparecido del mundo de las minas. El terror la hizo abandonar todo y ya nunca nadie volvió a verla. Algunos dicen que se fue al norte, donde trabajaba de empleada en una casa particular o en un restaurante; alguien dijo haberla divisado en la capital pidiendo limosna, zaparrastrosa, flaca, harapienta, tan avejentada que era como otra persona. Ninguna suposición dio un resultado más o menos claro.

Se tejieron muchas leyendas alrededor de ella, pero sobre todo se comentó mucho que el Toñito la hubiera abandonado después de la muerte del abuelo. Entretanto, Arístides Olea fue el único que se pudo acercar a él: le consiguió trabajo en el convento donde él mismo había sido mocho durante tantos y tantos años que ya era como si formara parte del convento mismo. Toñito, igual que Arístides, se encantó con el oropel religioso, y no tardó en hacerse dueño y señor de la capilla. Lo llamaban el Mocho Chico.

Fue tanta la fascinación del Mocho Chico por el mundo de la capilla, que ya no quiso salir de ahí. Para él, fue como si el mundo de Lota y de las minas hubiera desaparecido. Como si algo se hubiera tragado definitivamente a las personas y al pueblo entero, y el cerro de tosca, sin que nadie se diera cuenta... algo que hubiera avanzado con todo sigilo hasta avasallar el Pabellón y los jardines, el recuerdo de los Urízar, la playa del Chambeque, el minarete y toda huella de una existencia previa donde bullían el trabajo, el mercado, la pesca, la vida de la caleta.

Quedaban, eso sí, los esqueletos de estas mismas cosas que la gente ya ni siquiera se detenía a mirar: desprovistos hasta de recuerdos, no valía la pena ni siquiera preguntarse qué podían haber sido en otra época esas ruinas. Tal como nadie se preguntaba por Toñito ni por la familia de Arístides, que parecía ser la única familia que le quedaba al niño, aunque parientes se decía que no eran.

Arístides, por su parte, nunca había logrado la sacralidad reivindicada por su abuela, y tampoco llegó jamás a la tonsura ni a cantar misa. A duras penas pudo llegar a mocho, porque con el paso de los años fue quedando claro que no había nacido para el claustro ni para los transportes místicos. Se concentraba muy escasamente en sus lecturas pías, o en lecturas de cualquier clase (hasta las vidas de santos más entretenidas se le caían de las manos), y su lengua era tan poco dotada para los latines —aunque se tratara de las más simples declinaciones— como la de los mismos frailes españoles que le enseñaban de todo.

Todo esto, claro, se tomó en cuenta a la hora en que debía ser promovido de un grupo de estudiantes a otro más adelantado: sus profesores objetaron una y otra vez el pase, y su confesor movía negativamente la cabeza, alegando que en el caso de Arístides no se trataba de una vocación religiosa verdadera, sino que, al contrario, lo único que poblaba la cabeza del muchacho era el mundo.

Al principio se había revelado como un monaguillo de primera, dueño de una voz viril y retumbante para contestarle al cura cuando estaba ayudando en misa. Mantenía las vinajeras siempre limpias y llenas, los copones y custodias perfectamente bruñidos y bajo llave, y las casullas dispuestas para las fechas correspondientes sin que nadie tuviera que advertírselo: negra para Viernes Santo, blanca para Navidad, dorada para Pascua, celeste para la Asunción de la Virgen, y correctamente plegadas junto a las estolas y las albas almidonadas e impolutas.

Pero debido a que se trataba de un adolescente sin malicia ni pecado, y puesto que su pobre abuela lo había dejado en sus manos, frente al desengaño de su vocación no cumplida los frailes fomentaron en él otra vocación, menor, es cierto, pero vocación al fin: su amor por los objetos de la liturgia, por el chisporroteo y el tintineo que para él no representaban las tradiciones sacras sino que eran, en sí, el objeto final de su veneración. Cuando la salud del anciano mocho encargado de estos menesteres se quebrantó definitivamente, Arístides se hizo cargo de las llaves de la sacristía, y de útil y entrometido monaguillo pasó a ser un sacristán oficial que daba satisfacciones a todos los frailes del coro. Con el propósito de dotar de cierta alcurnia a este oficio, el Superior llamó a los profesores del nuevo sacristán para rogarles que hicieran la vista gorda y consintieran en promover al muchacho a un curso en que tuviera expectativas de ordenación. Pero su confesor se opuso:

—Arístides es un estupendo sacristán, quién puede dudarlo... Pero no nos confundamos: él está involucrado solamente con las apariencias. No le interesan los abismos insondables de la eucaristía y de la humillación asumida en la confesión, que todos sabemos que lava el alma. No le pidáis ningún sentido de la trascendencia: el muchacho es sano y bueno... pero nunca será más de lo que veis.

Arístides, ya asegurado como sacristán, guardaba todo con el mayor celo, de modo que no se extraviara ni una hilacha de oro para zurcir las casullas, ni un recorte de hostia. Le encantaba la autoridad inapelable de las llaves sonoras colgando de su cinto de cuero: a los diecisiete años se había constituido en guardián absoluto de la capilla, celador máximo de todo lo que fuera pertinente a la religión... pero carente de una relación directa con la fe, la esperanza y la caridad, cuyas iluminaciones Arístides parecía desconocer. En todo caso, era pulcro, preciso para hacer sus cuentas de los haberes litúrgicos, cumplidor y muy serio, además de fortachón, apto para cualquier defensa, para cualquier faena. Así, lo dejaron para simple mocho, y él nunca pareció ambicionar un oficio más enaltecido que ése.

En los escasos días del año en que su trabajo le dejaba tiempo para hacerlo, y casi más que nada para complacer a los frailes que lo conminaban a emprender el viaje, tomaba el tren de Curanilahue para ir a visitar a su padre en el Pabellón, viudo de su adorada india pehuenche desde hacía tanto tiempo que Arístides ni se acordaba de cómo era el rostro de su madre; en realidad, lo había sustituido casi completamente por el rostro de su abuela, la María Paine Guala.

Que no abandonara a su padre, le rogaba su confesor. Que no lo dejara viviendo así, sola su alma, en uno de los cuartos para sirvientes de lo que quedaba del Pabellón de los Urízar, lo urgía su Superior... Pero a él no le gustaba volver al pueblo, porque su padre —el pobre A., como le decían por allá, porque «Arístides» era un nombre que le quedaba ridículamente grande a un ser así de manso— se sentía tan aplastado por los residuos de las viejas murmuraciones sobre su origen, que se le hacía un mundo salir del Pabellón y del parque que cuidaba.

En ese tiempo Arístides Olea era un mocetón de casi veinte años. Atlético, alto, ancho de hombros, estrecho de caderas, de poderosos muslos y brazos pese a no haber entrenado jamás para ningún deporte, su tranco largo pero sigiloso lo hacía cimbrear el hábito, la gran cabeza aindiada colgando un poco hacia adelante mientras sus ojos de raso miraban siempre modestamente la punta de sus zapatos, tan inmaculadamente limpios como sus custodias. Frente a una minúscula fogata en el parque, alimentada por las ramitas que acababa de recoger, el hijo se inclinaba junto al padre sobre la llama vacilante, escuchando lo que el pobre A. le contaba de su madre. Estas conversaciones eran una de las causas del alejamiento de Arístides de su padre: sentía cierta repugnancia, como si se tratara de una materia pegajosa y viscosa, cuando su padre le hablaba de su madre, la india pehuenche, que había sido su compañera de treinta años. Por ella el A. seguía suspirando y llorando. No existía nadie en el mundo como ella, repetía. Y Arístides recordaba que de chico sus padres, que dormían en una cama en la misma pieza que él, daban gritos de placer en la oscuridad cuando se unían en un poderoso abrazo del que parecía imposible que alguien como el A. fuera capaz. Estos regocijados alaridos, estos ruidos de la carne contra la carne, esta presencia de la pasión tan cerca de él, lo habían horrorizado: Arístides se juró que jamás se vería involucrado en una relación parecida.

Su madre, la india pehuenche, era una cocinera excepcional. Trabajaba en la casa para y por el A., como si fuera su esclava, y el parque estaba un poco bajo su férula. Arístides la recordaba con sus mechas duras y tiesas, con sus ojos lagrimosos, y jamás le conoció más que dos dientes en una boca amarillenta que, sin embargo, estaba capacitada para dar y recibir tanta pasión.

A veces, antes de entrar al convento, de niño y sin saber qué hacía ni por qué, el Mocho seguía a su pariente la Canarito por los vericuetos del pueblo, y terminaba escondiéndose detrás de una lancha volcada en la playa de piedras para contemplar desde allí cómo esta mujer soltaba toda la fuerza de su pelo rubio, de origen misterioso, para que se lo acariciara el viento. Era una cabellera inexplicable, única en toda la región. Su misterio, suponía el niño, podría llegar a esclarecerse si él la tocaba. También contemplaba sus axilas y su pecho y toda la figura de la Canarito, que seguía iluminando, ahora que él estaba crecido, sus crudas noches conventuales.

Un día en que el Mocho, cumplidos ya los veinte años, hizo su visita habitual al A., lo encontró en cama, muy desmejorado. Se veía desaseado, sin afeitar —en contraste con la piel sonrosada, la limpieza y la buena alimentación de los frailes—, con fiebre y con la cara manchada, yaciendo sobre el jergón de su desmantelado cuarto. El A. le confesó que era bien poco lo que había comido en los últimos días, porque ni al parque se atrevía a salir ahora. Hasta los jardineros, que antes solían traerle comida de la pulpería, se reían de él, de su flacura, de su fatiga, de su voz entrecortada incapaz de mandar, ni siquiera de pedir un favor, como si temiera que, al exponerse, la sangre que no corrió en su tiempo pudiera correr ahora. No podían quedar cuentas pendientes que quién sabe cuándo y dónde le tocaría saldar.

—Usted no tiene ninguna cuenta pendiente —le aseguró Arístides, irritado por su permanente depresión—. No se caliente la cabeza. Lo que necesita es alimentarse. Voy a la pulpería a buscarle algo para que coma esta noche, y una botella de vino para que se anime.

—Pero ni tú ni nadie, hijo, me podrán traer de vuelta a la pehuenche. Si ella está en el infierno, yo preferiría estar en el infierno, con ella, y no en el cielo.

—No diga barbaridades —Arístides lo arropó, meditando que ésa sería su última visita. Al inclinarse sobre él, el A. le tomó la mano y con el aliento frío murmuró en su mejilla:

—Hace tanto tiempo que no como algo cocinado por la mano de una mujer...

—Entonces, a la bajada voy a pasar por la fonda para traerle algún guiso que la señora tenga listo.

Qué gusto diferente podía tener la comida preparada por una mujer, se preguntaba el Mocho corriendo colina arriba hasta el pueblo. Él, después de que su «mamita» lo encerrara en el convento para saldar sus propias cuentas, jamás había comido alimento preparado por una mano femenina.

20

En el interior de la pulpería de tablas y latas, una lámpara de carburo, hedionda y de quita y pon, colgaba de un gancho encima del mostrador donde el pulpero y su mujer esperaban a la clientela, reducida por el invierno a dos arrieros desconocidos que bebían su jarra de vino tinto en el mesón. Los pulperos saludaron a Arístides con respeto, preguntándole por el A.: no tenían noticias suyas desde hacía días y se condolieron de su insatisfactoria salud. Le aconsejaron al Mocho consultar al médico —vivía a la vuelta de la esquina, no más—, o al boticario...

Cuando la mujer del pulpero se enteró de que el Mocho iba a pasar a comprar un plato de comida en la fonda, le dijo que esperara un poco: ella acababa de cocinar una carbonada con charqui de primera para esa noche, y le mandaría suficiente para los dos en una ollita. Arístides aceptó y, mientras el pulpero envolvía su pedido, acarició al gato romano que dormitaba encima de las hojas de diario que servían para envolver la mercancía. El gato era caliente; su simulación de sueño no era más que una treta para engañar al frío, para rechazar las exigencias de este valle de lágrimas. Las yemas de los dedos del Mocho disfrutaron bajo la lujuriosa pelambre dorada que envolvía su desnudez animal: la electricidad que le comunicó esta caricia se extendió por todos sus miembros bajo el hábito, a los vellos de sus brazos, y sus muslos se contrajeron con un placentero hormigueo.

La pulpera apareció con una ollita cubierta con un lienzo blanco, pero se quedó en el vano de la puerta, su vista dirigida no a Arístides sino a un punto del aire justo debajo de su hombro derecho, donde confluían la mirada de su marido y las de los dos arrieros repentinamente silenciados. El Mocho, como si obedeciera a una orden marcial, se dio media vuelta. Sus ojos quedaron abismados en la contemplación de una criatura sobrenatural que no se asemejaba a nadie jamás divisado entre los fieles de la capilla, ni durante sus recados por la ciudad a toda prisa y con los ojos gachos, y para qué decir que ni en sus sueños.

Lo primero que le llamó la atención en la mujer recién llegada fue que, pese a ser casi tan alta como él, su cara parecía extraordinariamente ancha y grande, desproporcionada para su cuerpo, como si fuera un gran enano. Su pecho majestuoso subía y bajaba, lento y acompasado con su aliento, pero era tal la atracción de la amplitud del rostro, que la mirada volvía y volvía a él pese al llamativo color violeta de su abrigo. Ése era el rostro de la luna llena: pálido, elevado, pero táctil como un pétalo; o como un globo hinchado. Esta hinchazón lo mantenía milagrosamente tenso y radiante y a flote, con su superficie tan fina y redonda. La mano del Mocho, electrificada por el gato, se había vuelto irresistiblemente audaz: la alzó para palpar esa materia y comprobar que no era una aparición, un capricho, un ánima, y se demoró en su caricia de la pálida mejilla.

—¡Déjala, mocho de mierda...! —exclamó uno de los arrieros borrachos, agarrando a Arístides.

La mano del Mocho intentó golpearlo, aunque sin fortuna, porque entre el otro arriero y el dueño de la pulpería sujetaron a Arístides, mientras la mujer, que llevaba la olla, gritaba. Entonces el borracho le pegó un bofetón al Mocho, que se desestabilizó, cayendo al suelo de tierra apisonada con el hábito revuelto. La mujer de la cara de luna llena y el abrigo violeta se hincó junto a la víctima. Le estiró el hábito para cubrirle los tobillos como si fuera un muerto. Comentó:

—No hay nada más feo en el mundo que las canillas de los curas.

El pulpero descolgó la lámpara y acudió a iluminar la escena. La mujer de gran rostro palpaba el ojo amoratado del Mocho.

—¿Duele? —preguntó ella.

Arístides no contestó. La mujer le había colocado la cabeza lacia sobre su muslo.

—¿Quién es este curita?

—Es estudiante donde unos frailes españoles de por aquí —respondió la pulpera.

—Coños... —murmuró la mujer de violeta, con sorna.

Arístides la oyó. Esa palabra que no sabía dónde había oído, si es que la había oído, sonaba con malicia contenida. Esa palabra... escuchada y explicada quién sabe en qué rincón del convento español, con qué imágenes y en qué contexto. Se encogió en posición fetal para disimular el efecto que la palabra tenía sobre él, esa palabra hecha de intimidades desconocidas y que al instante lo hizo enrojecer de curiosidad indebida para un hombre de Dios. Se tapó la cara, para que no se la vieran las personas perplejas que lo rodeaban: sólo los pulperos, porque los agresores se habían hecho humo.

—Godos... —murmuró el Mocho.

—No —repuso ella—: coños. ¡No los voy a conocer yo! A ver, muéstrame cómo te dejaron el ojo esos brutos.

El Mocho se descubrió la cara. Mientras ella, con sus yemas ligeras, le palpaba el moretón, pudo observarla sentada en el suelo junto a él, bajo la luz que el pulpero sostenía en alto. El cuello desvanecido del Mocho reposaba sobre el regazo de la mujer. Ella tenía los ojos del mismo color violeta de su abrigo, de modo que era como si su benevolencia emanara no sólo de su mirada sino de su figura entera, tibio el regazo, tibia la mano, tibia la cabellera falsamente rubia bajo el guarapón guarnecido por una libertina pluma verde.

La mujer del guarapón le pidió a la pulpera un buen trozo de filete, que ella le trajo enseguida, y lo extendió sobre el ojo del Mocho. Lo ayudó a ponerse de pie. Al hacerlo dio un paso tambaleante hacia el mostrador, sosteniendo el filete sobre su ojo adolorido con una mano y afirmándose en el mesón con la otra.

—¿Cuánto le debo? —le preguntó la mujer a la pulpera.

Al Mocho el precio le pareció exorbitante. La mujer hurgueteó en su cartera.

—No traje suficiente —dijo.

—¿Quién paga, entonces? Arístides tampoco debe tener.

—¿Arístides?

—¡Sí, éste es Arístides Olea, no tiene ni para hacer cantar a un ciego!

—Póngalo en mi cuenta, entonces —dijo la mujer de violeta.

—Usted no tiene cuenta aquí y no la conocemos.

—Soy la dueña del circo «La Bambina». Acabamos de llegar en tren de Curanilahue. Voy a tener que abrir cuenta para los días que yo y mis artistas nos quedemos aquí, tres, cuatro días, depende de cómo nos vaya. Vamos a armar la carpa entre el pueblo y la caleta, ahí donde hay un descampado bien guarecido del viento. ¿Vamos, Arístides?

Y salió de la pulpería seguida por el Mocho, que sostenía el filete sobre su ojo maltrecho. Fue la última vez que se vio a Arístides Olea con pollera de fraile, porque muy rara vez vendría después a ver a su padre, y nunca al convento. Después de un tiempo, los religiosos supieron que el A. había muerto de pena cuando llegó a sus oídos la noticia de que su hijo había abandonado las regalías de la Orden, que tanto hizo por él, para seguir a los artistas de un circo de mala muerte por los lluviosos pueblos del sur.

* * *

Al principio se habló mucho de la desaparición del Mocho con el circo «La Bambina». Era como si después de que la pareja salió de la pulpería se hubieran disuelto, al parecer para siempre y sin dejar rastros, en la noche indocumentada de las provincias. Fueron los frailes los que hicieron las primeras pesquisas y dieron la voz de alarma: ¿por qué el sacristán permanecía tanto tiempo afuera sin pedir una prórroga de su permiso, ni dar explicaciones por no volver a desempeñar su oficio, tan necesario para el buen desarrollo del culto?

Las mujeres en el lavadero y los hombres en el bar se lamentaron de que el pobre A. no hubiera recibido nunca ni una sola línea del ingrato de su hijo, explicándole qué había sucedido. El hecho es que tuvieron que pasar varios años antes de que, una y otra y otra vez, inasibles como los vientos, llegaran rumores de que alguien había visto a Arístides, o a una persona parecida a él y con su mismo vozarrón, vistiendo una chafada casaca de terciopelo color púrpura, condecorada con alamares, encarnando la clásica figura del «señor Corales», empresario inagotablemente reeditado en los circos de extramuros. Anunciaba los números, dándoles el nombre correspondiente y añadiendo algún comentario de su cosecha, especialmente sabroso cuando se refería a la pruebas en que la Bambina efectuaba distintas transformaciones bajo diversos atavíos: la Princesa Malabar, la Araña Contorsionista, Nami-Ko (la japonesa que danza en la cuerda)... Pero su número más popular, el más moderno, el punto culminante de la función, era cuando cantaba y bailaba su célebre *Bye bye Bambina*. Mientras ella cambiaba su personalidad con colorete y albayalde y otro vestido, el señor Corales arrancaba aplausos de los niños y mineros haciendo que el Florín, antepasado de una ilustre progenie de ingeniosos perritos blancos del mismo nombre, sumara y restara cifras difíciles para la concurrencia, según se lo fuera ordenando la elocuente huasca del empresario.

Algunos ingeniosos sostuvieron que Arístides y la Bambina no constituían una pareja, lo que se llama verdaderamente una pareja: él, demasiado joven y con un sospechoso pasado de mocho; ella, una mujerona con la tensión de ese rostro de luna llena que se había inventado ya comenzando a aflojársele.

La Bambina, seguramente, había contratado a Arístides por su famoso vozarrón y por su improvisada —y sólo en los primeros meses titubeante— labia. Pero después de que el chisme del Mocho acariciando escandalosamente la mejilla de la Bambina fuera confirmado por los arrieros al regresar con el ganado a los pastizales del verano, en el pueblo quedaron pocas dudas sobre la verdadera naturaleza de esta relación.

Los frailecitos jamás quisieron darse por enterados del paradero y las actividades de su sacristán, afirmando con despecho que para ellos era como si Arístides Olea se hubiera muerto.

Muchos años después alguien vio a la pareja en la ciudad, de ruidosa francachela con los payasos, que ni siquiera se habían molestado en despintarse la cara después de la función. ¿Cómo no lamentar, entonces, el triste destino del pobre A., que tal vez recibió tempranas noticias de esta unión perversa, pero las calló, dejándose morir en su jergón sin el cuidado ni el consuelo de nadie? La Empresa había tenido que hacerse cargo de todo, hasta de sus modestísimas exequias.

La verdad es que el pueblo entero sintió mucho el deceso del pobre A., que era un vecino estimado por todos —estaba vivo el recuerdo de su india pehuenche y de cuánto el A. la amaba; inconscientemente, todos los mineros envidiaban la lujuria que había unido a la pareja—, y lo enterraron en silencio. Al poco tiempo, eso sí, ya nadie lo recordaba ni lloraba, y jamás nadie le llevó un ramo de lirios morados para el recuerdo a su tumba, ni le rezaron una mala avemaría. El Mocho mismo mandó a decir, desde la ciudad, que lo sentía mucho pero no le era posible hacer el viaje para asistir al entierro, porque por esos días, justamente, tenía demasiado trabajo y estaba ocupado de sol a sol. A nadie le extrañó mucho su ausencia: ya en los últimos años visitaba rarísima vez al A., como si le diera vergüenza su apariencia zaparrastrosa, con sus codos deshilachados, mal afeitado y sucio, y además le disgustaban su dicción y su vocabulario, demasiado populares y aindiados. Al poco tiempo, como casi todo el pueblo, él también había olvidado hasta el lugar donde lo enterraron.

La Elba, entonces casi una niña, no asistió al entierro. Se quedó contemplando, desde la puerta entornada de su cabaña en el Chambeque, ese funeral de cuatro deudos que desfilaron por la puntilla hasta el Pabellón y el pueblo. Pasaron bajo los fragantes magnolios del atardecer en el parque, y pronto se perdieron detrás de la ceja de la colina. Después nadie nunca más comentó qué había sido de los restos del A. Sólo la Elba rezó a medias una avemaría.

Después, como no pudieron encontrar al Mocho ni por cielo ni por tierra para que se hiciera cargo de los trabajos del Pabellón, la Empresa clausuró definitivamente el recinto. Clavaron tablas en cruz sobre las ventanas y tapiaron todas las entradas, salvo un discreto acceso trasero para que alguien, alguna vez, defendiera la construcción contra variados rapaces. ¡Les resultaba imposible encontrar a alguien que lo cuidara! Cuando unos años más tarde el último Urízar que conservó intereses en la mina hizo un sorpresivo viaje al pueblo, se le antojó visitar lo que quedaba de las ruinas del Pabellón. Encontró tan enmalezado el parque, el Pabellón tan lleno de cucarachas, telarañas y ratones, los oros de las molduras tan ajados y los cristales tan miopes, que se enfadó seriamente con el personal que iba quedando y que administraba sus asuntos. Era el colmo, exclamó. ¡El A. no podía haber sido el único cuidador en el mundo! Que encontraran a alguien para encargarlo no sólo de desmalezar y reconstituir el jardín... Lo que se necesitaba era una persona de toda confianza para poner bajo sus órdenes a cuantos jardineros hicieran falta, y que además fuera capaz de remozar siquiera un poco el interior, asearlo y, si no dejarlo habitable, por lo menos adecentar los restos de la pobre mansión torturada por el descuido.

Quinta parte

La Araña Verde

21

Cerca de un año antes de que don Gonzalo Urízar hiciera su visita al pueblo, se rumoreó que alguien había presenciado una comilona en que la pareja formada por la Bambina y el Mocho se lució descaradamente en la ciudad, festejando con los payasos. Un testigo dio fe de que se trataba de una relación conmovedoramente amorosa, la de esta pareja tan dispareja de cuculíes que no dejaban de arrullarse.

Por ese tiempo el Mocho y la Bambina llevaban doce años juntos, calcularon los entendidos. Arístides ya no era un aprendiz de señor Corales que pavoneaba su cuestionable autoridad juvenil en la pista, sino que había llegado a ser un auténtico empresario circense, tal como había sido una especie de empresario en la capilla de los frailes. Con más años y con más experiencia, ahora era él quien organizaba las giras del circo por los pueblos, los campos y los campamentos. Él encargaba los víveres, contrataba los camiones y despedía a los artistas traviesos. Vestido con su casaca púrpura, se instalaba dentro de ese cubículo semejante a un confesionario que era el quiosco donde recaudaba el dinero de las entradas, y sacaba las complicadas cuentas de cada estación.

La Bambina, exhausta por una serie de embarazos malogrados que la fueron silenciando y agriando, ya ejecutaba muy pocos números. Reservaba su energía, su remanente de voz siempre maliciosa aunque quebradiza, para el *Bye bye Bambina,* sin el cual —todos estaban de acuerdo— el circo perdería su personalidad. Y, claro, para las pruebas menos exigentes de la Araña Contorsionista, el número predilecto del Mocho: vestida con una malla de lentejuelas verdes, anudaba y desanudaba sus miembros, pese a su incipiente artritis, y sacaba la cabeza por entre sus piernas, bajo el trasero, y gateaba con los pies y las manos como una tarántula de significado siniestramente mitológico. Se desanudaba y volvía a anudarse de otra forma, doblando el tronco hacia atrás, y asomando la cabeza entre sus piernas, en el aire, se desplazaba equilibrándose en sus manos: un monstruo enigmático, fulgurante de amenazadoras centellas verdes. Repentinamente, se anudaba otra vez para convertirse en un ácaro gigante, abalanzándose contra el público con sus múltiples garras; pero justo antes de atacar, cuando el público retenía su respiración y se sentía el pasmo en el aire, saltaba desde el interior del enigma la presencia victoriosa de la Bambina: la multifacética artista, propietaria del circo, saludando a la platea con su cabeza inclinada y sus brazos abiertos para recibir la tempestad de aplausos. Luego, como una serpiente, plegaba su cuerpo con esmero, de modo que cupiera justo dentro del reducidísimo espacio de una caja. Llevándola en sus brazos, el señor Corales, triunfante entre las ovaciones del público, desaparecía a toda carrera detrás de la cortina listada de los artistas.

Al Mocho le daba un vuelco el corazón verla ejecutar esta prueba. Admiraba la proeza misma, pero también era como si temiera verla quedarse anudada para siempre, convertida en un lazo. La juerga con los payasos —no fue una juerga cualquiera— había sido en realidad una celebración, porque esa misma tarde la meica les había dicho que sí, que por fin, que ahora sí que habían transcurrido cuatro meses y esta vez el feto estaba seguro en la placenta. La artista, que en su euforia bebió demasiado vino, majadereaba para que la dejaran hacer allí mismo, ante los parroquianos, una Araña Contorsionista como homenaje al Mocho. No, no quiero verte convertida en garrapata: ese bicho híbrido, como si fueras dos personas trenzadas con múltiples extremidades. Como mi padre y mi madre, que en el mismo jergón donde yo dormía se abrazaban noche tras noche y me desvelaban con la incansable fantasía de su lujuria antes de que yo fuera capaz de comprenderla, convertidos en un solo ser jadeante de innumerables extremidades, resuelto, por fin, en una exhalación doble que se desplegaba en el codiciado sueño que yo nunca logré volver a conciliar, ni en el convento, ni con la Bambina: siempre velar, siempre vigilante, ocupado con el recuento de mis agravios, repasando la historia de mi abuela como parte de ese mismo nudo y de este mismo agravio. Cada abrazo de la Bambina, en vez de resolverse en la paz del sueño, se corta con el desastre de la sangre. Nada queda. Todo se disuelve. Los proyectos fracasan. La Bambina vela, y yo velo a su lado. El único consuelo que le queda a ella es ser una Araña de lentejuelas verdes en la pista y luego ser, para mí, la secreta Araña de carne en la cama, completando conmigo un solo organismo fantástico.

La noche de la fiesta, la Bambina, para darse un poco de largona, comió más de lo permitido por la tiránica dieta de contorsionista que templaba sus músculos y les daba brío a sus tendones. Estaba borracha, abrazada a mí en el centro del restaurante, pegajosa de lágrimas y colorete: déjame hacer la Araña ahora que la meica dijo que el feto se afirmó, te he obedecido a ti y a ella haciendo nada más que los entrenamientos fáciles para que nada le haga mal al niño, por eso te abrazo, mi amor, para que todos vean que nos queremos; déjame hacer la Araña para que toda la concurrencia sepa que te voy a dar este hijo; no me importa que otra artista realice mis números durante mi embarazo, quiero ser la Araña aquí, entre las mesas, dame esta prueba de confianza, déjame hacer mi número...

Ésta debe haber sido la escena de concordia presenciada por el testigo que echó a correr la especie; es seguro que después abandonó el local, porque no puede haber presenciado la secuela...

—No trajiste la malla para la Araña —dijo Arístides.

—¿No me crees capaz?

—Con o sin. Sin, no es tan vistoso... y la meica te advirtió que era peligroso que hicieras la Araña. Es una tontera, después de tanto que has penado para quedar esperando...

La Bambina se rió:

—No le hagas caso. Es una meica de campo no más, una ignorante que no sabe nada...

Irritado, amurrado, Arístides se fue al baño, donde se encerró por un rato. A su regreso encontró a los parroquianos arremolinados alrededor de la mesa: la Araña, en cuatro patas, hizo un movimiento brusco y quedó con el trasero enredado por patas que no eran patas, por brazos que no eran brazos, una figura estrambótica rematada por el chirimbolo de la cabeza. Arístides, furioso, le gritó un insulto: ella, vengativa, como una jaiba que se desplaza de lado, corrió hasta él y le mordió la pantorrilla. Las mujeres gritaban. Los hombres se replegaron. La Araña, entre las patas de las sillas y las mesas y los pantalones de los hombres y las piernas de las mujeres, persiguió a una señora que se encaramó en un taburete, y corrió tan rápido detrás de otra con sus patas de cangrejo, que el público, volcando vasos y sillas, huía de este animal decorativo repentinamente transformado en amenaza, hasta que cedió como una viga con carcoma, desenrollándose lentamente en el suelo, tratando de ordenar sus músculos y tendones descolocados. De repente gritó, encogida, apretándose el vientre con las manos.

—Llévame... —alcanzó a murmurar antes de desvanecerse.

Tenía las medias ensangrentadas. Como enseguida se vio que no se trataba de algo que la meica pudiera solucionar, el Mocho la llevó a la posta de emergencias del hospital. Esto era distinto: ya le habían advertido que cualquier percance sería grave. Metieron inmediatamente a la Bambina en la sala de operaciones, donde permaneció más de cinco horas. Luego, al amanecer, la ingresaron en la Unidad de Tratamientos Intensivos: oscilaba entre la vida y la muerte según el médico, de modo que tuvo que permanecer en la Unidad diez días, inconsciente, sin permiso para que la visitaran.

Después la trasladaron a una cama de medio pensionado y la conectaron con máquinas que la ayudaban a respirar, con bolsitas de plasma, de medicinas, de suero, que pendían de armazones sobre su cabecera. Las débiles burbujitas demostraban que todavía le quedaba algo de aliento en el pecho.

Fue tan prolongada su recuperación, tan incierta, durante tantas semanas estuvo rozando la línea que la separaba de la muerte, que a Arístides no le quedó otra existencia posible que pasearse por los corredores interpelando a las monjitas, o a cualquier médico o interno que pudiera darle un minuto de su tiempo. Alarmado porque no comprendía el vocabulario de las explicaciones, y rabioso porque no lo dejaban entrar a verla, desesperaba por interrogarla... cómo se sentía... qué podía hacer él para sobrevivir y pagar tanta cuenta. Y sobre todo se preguntaba a sí mismo, al verla postrada, si iba a poder o no vivir sin ella...

¿Qué harías con el circo en tus manos si yo me enfermara?, a menudo lo enjuiciaba la Bambina cuando, en el colmo de su ajetreo, las cosas no estaban dispuestas como ella exigía: no serías capaz ni de mover el meñique; si yo me enfermo, todos nos moriremos de hambre.

Al principio, el Mocho tuvo la esperanza de que, contra todos los augurios y aun sin la Bambina, el circo, que contaba con un modesto renombre en el circuito con que se conformaban, iba a poder continuar ofreciendo sus funciones. Era cuestión de contratar nuevos artistas para ocupar los lugares vacíos que se produjeron con la enfermedad de la versátil propietaria, pues la mayor parte del personal desertó: al fin y al cabo, necesitaban comer. Pero los artistas desconocidos nunca daban buenos resultados, por borrachos, por ineficaces, por envidiosos, por ladrones. Logró convencer al Tony Zanahoria de que hiciera, además de su papel acostumbrado, el de trapecista, y a la ayudante de trapecista la promovió a ilusionista. Pero en la cuarta función el Tony Zanahoria, que no era experto, cayó mal del trapecio y se luxó el fémur, y anduvo enyesado cerca de cuatro semanas. Y ni los niños más chicos le creían a la improvisada ilusionista. En fin, cuando una cosa anda mal, todas se estropean, y la carpa se rajó de arriba hasta abajo con una inesperada tempestad de granizo. Nadie estaba dispuesto a darle crédito a Arístides, que no era el dueño del circo, y su firma, legalmente hablando, no estaba avalada por ningún bien. Ni siquiera le daban crédito para comprar aserrín para la pista en pueblos donde conocían a la Bambina de sobra. Después de semanas de desesperanza, el circo se desbandó y ya no fue posible ofrecer funciones ni de mínima categoría, porque a ningún artista se le iba a ocurrir arriesgarse con esos despojos. Apenas la Bambina abría un poco los párpados, le preguntaba a la monjita, o al Mocho, o a quienquiera que estuviera a su cabecera:

—¿Y mi circo...?

La monjita, que tenía la cara angosta y los ojos juntos como una laucha bajo las alas piadosas de su toca, opinó que era preferible engañar a la enferma para no preocuparla. Pero como a medida que pasaba el tiempo la situación se iba poniendo más difícil y se temía por su vida, Arístides tuvo que decirle la verdad:

—Mal...

—¿Siguen?

—Ayer no pudimos.

—¿Por qué?

—Se cayó la galería.

—¿Cuántas entradas?

—No hay con qué pagarle a nadie. Ya no nos quedan artistas porque se han contratado con otros circos. Dicen que estamos con mala racha, y sabes muy bien lo supersticiosa que es la gente de circo. Estamos cortando tan pocas entradas que nadie nos quiere dar crédito para armar la carpa en su terreno. Si yo tuviera el poder notarial que te he pedido tantas veces para una ocasión como ésta, quizás podría volver a levantar el circo...

—Déle poder notarial a su marido, señora, no sea tan porfiadita —la urgió la monja.

—No es mi marido. Yo no tengo familia. Y mi

única amiga es una comadre meica que vive lejos de aquí.

—¿Quién es este caballero, entonces? —le preguntó la monjita.

El Mocho alcanzó a ver la gotita de despecho en los ojos violeta, ahora barrosos, de la enferma:

—Es mi lacho.

La monja quedó muda. Se le puso más angosta, más cerosa la cara, y le brillaron los pelos canos o rubios del bigote. No me gusta esta monja, y tampoco le gusta a la Bambina, se dijo el Mocho. Tan distinta a las monjitas plácidas, de ojos infantiles y voz de arcángel, que bordaban con hilo de oro las casullas cuando yo iba al claustro y me mandaban a buscarlas para alguna festividad del santoral. La Bambina logró murmurar:

—No me gustan los notarios.

—A mi abuela tampoco le gustaban y mira lo que pasó.

—Anda a buscar al notario entonces. No te quedes pajareando, no me vaya a despachar mientras andas fuera. Prefiero que sean para ti las cuatro porquerías del circo y no para esos sinvergüenzas del fisco...

El Mocho salió a toda carrera. Cuando llegó media hora más tarde acompañado del notario y con el documento listo, a la Bambina le estaban poniendo una bolsa de sangre intravenosa que fue trazando la caligrafía capilar de ese gran rostro redondo. El Mocho la llamó: ella no lo oía. Sin embargo, en cuanto le colocaron la lapicera en la mano, la Bambina se incorporó y, como si en su delirio adivinara dónde, exactamente, y cuántas copias tenía que firmar, escribió con toda claridad su nombre: *Irma Fonseca Petit.* Cayó de nuevo sobre la almohada y, con la mirada fija en Arístides, exclamó:

—Ya tienes lo que querías.

No es lo que quería... tú nunca has aceptado que un hombre más joven, como yo, te quiera. Siempre son tus cosas lo que crees que quieren. Que quiero un niño que nunca quise, no a ti. Y porque no me crees, me repudias como si fuera un pingajo.

El Mocho se metió el documento en el bolsillo. Salió al pasadizo para acompañar al notario hasta la puerta del hospital. A su regreso se cruzó con los enfermeros que llevaban a la Bambina en camilla de vuelta a la sala de operaciones. El médico, al trote, siguiéndola, le dijo al Mocho al pasar:

—Con usted quería hablar. Espéreme aquí.

No se movió. Los payasos despintados, más hambrientos y esmirriados en su encarnación civil, y menos reales que con sus disfraces, llegaron a acompañarlo mientras esperaba: eran hermanos, le confesaron por primera vez en su amistad; por suerte habían encontrado trabajo los dos en el mismo circo, hasta que la Bambina se mejorara...

—No va a haber circo —declaró el Mocho.

Se atropellaron preguntando: ¿por qué...? ¿Tan mal había quedado la pobre...? No recibieron respuesta, aunque, como conocían su acrimonia —Mocho carajo, decían a sus espaldas por cualquier cosa—, no les extrañó su silencio.

El médico no quiso hablar delante de ellos. Hizo pasar a Arístides a su oficina: era necesario un poco de paciencia, que la Bambina no volviera a ver a un familiar hasta que él le diera permiso, ya veía lo mal que quedó con la entrevista de hoy.

Intento que me explique la dolencia de la Bambina, pero no sé por qué todo lo que importa me lo dicen con palabras ininteligibles y me quedo afuera, en el limbo, como decían los frailes, con esta rabia que no me deja vivir porque la Bambina cree más en su circo que en mí. Sobrevivo alimentado por esta espiral de rencor: no, no va a haber circo. Ahora tengo yo el poder, aquí en el bolsillo interior de mi chaqueta. Es la clave del universo en que me muevo y que conozco: puedo traspasar todo bien mueble e inmueble a mi nombre; puedo vender, comprar, firmar toda clase de documentos, contraer deudas y formar sociedades; embargar, hipotecar y enajenar pertenencias de toda clase. Todo esto encarnando a cierta Irma Fonseca Petit. Tantas y tantas cosas que puedo hacer. Me bastó mirar una sola vez el documento: lo hice con tal penetración, que fue como si el ácido de la letra del actuario hubiera mordido mi retina.

22

Todas las mañanas, con el escrito en su bolsillo, visitaba el hospital para averiguar cómo había pasado la noche la paciente Irma Fonseca Petit. Siempre le contestaban que mal. No le permitían entrar a verla. Después de hablar con el médico, que usaba palabras tan complicadas para definir la patología de la enferma, el Mocho ni siquiera lograba apenarse por su estado: era más bien sobresalto, miedo, lo que sentía. Miedo por su propio destino tanto como por la vida de la Bambina. Y una mañana en que como de costumbre no tenía nada que hacer, porque el circo se había disuelto, después de bajar las gradas del hospital se encontró caminando por la ciudad, en las inmediaciones del terminal del tren de Curanilahue. Preguntó a qué hora salía. Dentro de media hora. ¿Y a qué hora regresaba? A las ocho de la noche. Esperó media hora sentado en el banco negro, de fierro colado. Igual, recordó, a los del jardín del Pabellón. En la ventanilla tomó un pasaje de tercera hasta el pueblo. Le pareció que el hombre que vendía los boletos lo miraba de una manera especial, como si lo reconociera. Huyó, subiendo al vagón en cuanto oyó el silbato de la partida, y el tren cruzó la ancha boca abierta del río, apegándose más al sur a la línea de la costa, extendiéndose después como un vertebrado sobre el perfil de los cerros de carbón y de pinos industriales. Una señora se sentó a su lado. Despeinada, un poco canosa, con aspecto revenido y destartalado, miraba frente a sí misma. Tenía olor a carboncillo, a comida añeja y pobre, y mantenía los ojos fijos e inmóviles en el paisaje que se iba desarrollando a medida que el tren avanzaba.

Bajó en la mediagua que servía de estación del pueblo, junto a un andén de cemento resquebrajado. Sólo cuando partió el tren hacia Curanilahue, dejando una nube hedionda y negra, Arístides le dio la espalda a la estación y al océano para mirar el pueblo: de aquí soy, de esta nube y de este olor; aquí todos saben de dónde salí y por qué llevo el apellido que llevo, infamante, es cierto, pero es el nombre que siempre ha guarecido a quienquiera que yo sea.

Una vez disipada la nube, Arístides se metió en la multitud del mercado aledaño a la estación, donde el complicado proyecto de sobrevivencia de cada cual se articulaba con los gestos de los demás componentes de la bulliciosa comparsa, en esa mañana de sol y de aire salino. Era probable que, si les decía su nombre a los vendedores de chuletas y jureles, a las dueñas de los baratillos y a sus clientes que se atropellaban para comprar el mejor melón y el más barato, los tomates más colorados, el ramo más grande de perejil, se distrajeran de sus empresas para asentir: sí, claro, el hijo del pobre A. y de su india pehuenche, el nieto mayor de la María Paine Guala; dicen que era mocho, pero abandonó el convento y se dedicó a artista y no volvió más al pueblo, ni cuando enterramos al pobre A. Le darían la espalda, sin juzgarlo, para proseguir con la urgencia de sus vidas particulares —espantar una mosca, increpar a una adolescente, comprar el melón, la sandía, las alpargatas—, dejando que el viejo viento de Marigüeñu se llevara su nombre hacia arriba, hacia el promontorio que se abalanza sobre el mar desde la cima del pueblo, acarreando a cuestas el parque.

La multitud abigarrada estaba a punto de acosarlo; ya estaban urgiéndolo, violándolo, por lo menos virtualmente, con la posibilidad de que todas esas personas se dieran vuelta hacia él y, rodeándolo, lo señalaran con el dedo: tú eres Arístides Olea, sabemos tu historia y la de tus progenitores, no puedes inventarte, no puedes esconderte bajo ningún otro nombre ni bajo ninguna otra historia, no vamos a permitirlo. Aquí estás condenado a ser Arístides Olea.

¿Condenado?

Tal vez; pero también protegido: en este pueblo no soy un fantasma transitorio. Soy alguien preciso, tan aclarado en su propia historia que no es necesario sustituirla por otra de mayor significación, ni invocar el nombre del señor Corales en lugar del mío. La Bambina, en cambio, no recuerda dónde nació, su vida carece de *anterior*. Ella no existe más que por arte de los grandes cartelones pintados del presente, que anuncian su nombre de pacotilla; o si no, lo anuncio yo desde la pista, transformándola con las palabras que pronuncio: la Princesa Malabar... la Araña Contorsionista... Nami-Ko. La Bambina, propietaria del circo «La Bambina», eso es ella; la Irma Fonseca Petit no es más que un cascarón deshabitado.

Arístides camina, casi corre porque no quiere que le pregunten cómo se llama. Todos tienen que saberlo. Casi galopa entre la gente atareada que no lo mira, más gibado que de costumbre, la cara y los gruesos labios y la lengua inerte caídos hacia adelante con el ánimo de disimular sus facciones. Sube por el laberinto de calles con casas de tablones y de cemento descascarillado, hacia arriba, hacia el mar, hacia el parque: allá, por encima de las ramas, se asoma el minarete. Es hueco, porque nunca trajeron las piezas para armar la escalera de caracol que debía subir hasta el mirador de la terracita. Retarda el paso al entrar al parque: los olmos y los magnolios albergan cónclaves de pájaros que cantan mientras él da una vuelta de reconocimiento alrededor del Pabellón, buscando la puerta que usaba su padre: todas las puertas y todas las ventanas están condenadas. En los charcos de sol de los prados saltan los gorriones y los chincoles; los zorzales, igual que el perro de la victrola —igual al Florín, sonríe Arístides—, inclinan la cabeza para escuchar y picotean las lombrices que se escurren bajo la tierra.

De vez en cuando, junto al sendero que me lleva hasta la punta rocosa, damas de fierro, desnudas aunque inabordables, se alzan sobre sus pedestales... Me olvidé de sus nombres que mi padre sabía de memoria, nombres de diosas paganas. Sinvergüenzas, decían los frailes, haciéndome persignarme para apartarlas, no existen, existe un solo Dios no más. La Bambina, que es hereje, se enfurece cuando yo me atrevo a discutirle. ¿Por qué no va a haber más que un solo Dios de barba blanca...? A veces, cuando me vuelven las ganas de oír siquiera un pedacito de misa, tiene que ser en un lugar donde no le lleven el cuento de fíjate, Bambina, que te haya salido beato tu cafiche, es el colmo de la mala suerte, qué risa. Por eso hace tanto tiempo que no entro a una iglesia.

En la hierba de la puntilla, a la sombra de un olmo del tiempo de don Blas, extiendo mi chaqueta y me recuesto encima. Por entre las hebras de pasto veo, hacia el sur, los cerros por donde se encarama el pueblo, y la caleta, y las lomas de Chivilingo; hacia el norte, desde el anfiteatro de hortensias, vigila un prócer cuyo nombre sí recuerdo, tallado en granito plomizo, con su levita, polainas con botoncitos, mostachos y chaleco con cadena de reloj. Mi padre me explicaba cada refinamiento de su indumentaria: es el patriarca, don Leonidas Urízar, el fundador de la dinastía. Se fue a Europa y, como no volvió nunca más, dejó aquí su forma, del doble del tamaño natural, custodiando desde este lado el imperio que allá al frente había creado. Sobre el cerro de tosca quedan la entrada a sus minas, las maestranzas, las enormes ruedas de fierro ennegrecido y el ajetreo del carbón en las huinchas, cayendo en cataratas roncas adentro de las tolvas, sin cesar ni de día ni de noche. Oigo esas cataratas negras. Oigo las olas estrellándose en las rocas debajo de la puntilla, oigo los pájaros cantando canciones que no entiendo. Y una voz que me llama:

—¡Arístides!

Se pone de pie de un salto: un señor de traje oscuro y corbata color perla se interpone entre la mirada de Arístides y el imperio de los Urízar. Su rostro es fresco, juvenil no porque sea joven sino porque está siempre alegre y bien cuidado, y una sonrisa clara flota muy cerca de sus ojos benignos y de sus labios. Arístides recoge su chaqueta y la sacude esperando a que se esfume la alucinación. Los pájaros no se resuelven a traducir lo que cantan a un idioma inteligible, igual que los médicos, y él no va a entender lo que dirá este caballero; su aparición no puede ser más que un producto de su fatiga, una prolongación espectral de su incertidumbre por la Bambina, un fantasma que intenta convencerlo de que la muerte no existe: el señor vestido del color de los gorriones le habla en incógnitas. Sólo se le entiende cuando pronuncia claramente su nombre en tono de pregunta, no de acusación:

—¿El Mocho...?

Contesta afirmativamente. Termina de sacudir

su chaqueta y, por respeto a su interlocutor, se la pone: en efecto, afirma, él es. El caballero de gris se sienta en el banco de la glorieta.

—Me dijeron que andabas en el pueblo. ¡Qué suerte! En la Empresa, cuando recibieron la noticia, me encargaron que te viniera a buscar. ¡Hace tantos años que andamos siguiéndote la pista! Alguien nos contó que trabajabas en el circo «La Bambina», pero lo buscamos por cielo y tierra y nos dijeron que lo habían liquidado.

El caballero cruza una pierna sobre la otra. Arístides, de pie delante de él, se fija en el calcetín ceñido a su fino tobillo, pero se distrae con lo que le está contando: lo habían visto bajar del tren; llegaron noticias de que andaba vagando por el mercado; alguien que lo divisó subiendo al parque comentó que eso era natural, al fin y al cabo el A. había muerto allí...

La Empresa, continuó el caballero, lo necesitaba a él con urgencia: no pueden encontrar un cuidador adecuado para el Pabellón y el parque. Hasta ahora todos habían resultado un fracaso, intratables, desaseados, de honradez dudosa, ignorantes de la importancia de la familia Urízar. Pero él, conocido de toda la vida, y en cierto sentido casi como de la familia, hijo del pobre A., que con el mayor esmero había desempeñado ese trabajo durante tantos años, es la persona en quien la Empresa podrá depositar toda su confianza.

Al oírlo decir esto, Arístides entendió de golpe lo que decían los médicos y los pájaros; y las cataratas negras y el ímpetu de las olas azotando las rocas bajo el promontorio. Todo se hizo perfectamente claro con el reconocimiento contenido en las palabras del caballero. Una amplia brecha donde se alzaba el Pabellón, prístino y acogedor, pareció abrirse; pero al intentar incluir allí a la Bambina en su cama de hospital, se desvaneció esa momentánea figuración de la felicidad. ¡Si no existiera la Bambina! ¡Si él no hubiera subido justo en ese momento a comprar comida para su padre en la pulpería! Si durante este paseo ella muriera sin dolor, en un sueño, por ejemplo, él quedaría libre para vivir una existencia encantada en el parque, como siempre añoró. Pero ella le niega toda claridad, zambulléndolo en esta orquestación de cacofonías que lo amenaza con ahogarlo. Para asir algo real que lo haga reflotar y salvarse, se mete la mano en el bolsillo y aferra su documento recién firmado. Está escrito allí: no es necesario que la Bambina muera. Él es él: puede arrendar o dar en arriendo; puede formar sociedades, comprar y vender y hacerse de deudas: el poder notarial lo autoriza. Los chincoles saltan en los charcos de sol y sombra que van fluctuando, y los gorriones cantan una canción cuya métrica por fin se ilumina: no, no es necesario pasar por la muerte.

—¿Has almorzado? —le pregunta el caballero.

—No, señor...

—Ven, quiero hablar contigo.

Después, en la tarde, mientras espera el tren, baja a tomar un vaso de chacolí en el bar que le recomendó el mismo señor, frente a los rieles, en el trayecto del pueblo a la caleta, mirando el mar. Es una casa que da sobre la vereda, con una ventana a cada lado de la puerta. Abre la mampara: el pasadizo oscuro tiene una pieza a cada lado, cada una con su ventana a la calle; y pasando la cortina queda el *hall,* al que se abren varias piezas y de donde arranca el cañón de habitaciones que remata en el descampado. En el *hall* hay cinco mesas con sus sillas. Al fondo han acomodado el bar, iluminado por una ampolleta que cuelga del techo. El dueño, medio dormido porque hay poco movimiento —siempre es así antes de la noche, comenta—, coloca el vaso frente a Arístides y le pregunta si él es el Mocho. Aprovechando la ocasión para repetir su nombre en voz alta, afirma:

—Sí. Soy yo.

—En la Empresa me dijeron que te abriera cuenta. Te quieren mucho en la Empresa.

—Sí. Mi padre trabajaba...

—Claro, el A. Yo lo conocía. Siempre decía que cuando jubilara iba a comprar este bar. Pero eso era cuando joven. Después no bajaba nunca y parece que se olvidó de ese sueño de su juventud: dicen que tu mamá, que era pehuenche, era muy vergonzosa, de pocos amigos, y andaba detrás del A. como si temiera que se lo robaran. Claro que en ese tiempo no convenía vender el bar, porque había mucho más movimiento que ahora. Ahora hace falta animación, mujeres que atiendan las mesas y entusiasmen a los mineros...

Mientras lo escuchaba, buscó el catalejo en sus bolsillos y lo encontró, porque como un talismán lo acompañaba siempre: le traía suerte.

Se enzarzaron en una larga conversación vinosa acerca de costos, ganancias, impuestos. Quedó claro que el propietario estaba dispuesto a vender. Arístides pensó que a este negocio, seguramente, podría adaptarse la Bambina, que por falta de fondos y de salud iba a tener que darse a la razón y olvidar el espejismo del circo. El precio del bar no era alto; una vez liquidado el material circense y pagado el hospital, les quedaría un saldo. La casa, aunque destartalada, al fin y el cabo era un bien raíz, y se notaba espaciosa y de muros sólidos. El propietario —que resultó no ser propietario sino un palo blanco de la Empresa— le confidenció que los caballeros estaban dispuestos a darle toda clase de facilidades con tal de que ocupara el puesto que tuvo su padre. Le propuso que ahora mismo firmaran una promesa de compraventa: la Empresa, le aseguró, se daría por satisfecha con cualquier papel. Él no tenía más que poner una suma para el pie.

—¿Y de dónde saco yo esa plata?

—¿No dices que tienes los enseres del circo?

—Sí, pero la semana pasada los prometí casi todos con la persona que me iba a prestar plata para pagar el hospital. Me quedan cinco perritos amaestrados, media docena de trapecios con bastante uso, un montón de poleas, los tablones de la galería, quince sillas plegables... y pare de contar. Claro que tengo la carpa, pero es una pila de trapos con que envolvimos los palos para dejarlos en el terreno de una meica amiga de la Bambina. Es harto poca cosa, lo que va quedando...

—Lo que sea. Ya te dije que en la Empresa, donde son muy conservadores y partidarios de todo lo que sea tradición, están dispuestos a facilitarte lo que quieras con tal de arreglarte aquí. Más vale mal conocido que bien por conocer: eso es lo que siempre dicen.

Temprano al día siguiente, en la ciudad, fue a hablarle al interesado con que había comprometido los expolios del circo y legalizó la transacción de todo, incluso de los perritos —salvo el Florín, que era muy regalón de la Bambina—, mostrando el poder notarial otorgado por ella, que hasta ese momento no se había resuelto a usar.

Guardó los billetes de la venta en un sobre sellado, para no tentarse con gastarlo, y lo puso en el bolsillo interior de su chaqueta, junto al corazón, donde también llevaba el poder notarial.

Cuando el médico le dijo que dentro de poco iba a dar de alta a su familiar, tomó el primer tren al pueblo, enseñó su poder y pagó el pie, firmando al final de la operación una cantidad sorprendente de papeles. Una semana después pudo llevarse a la Bambina del hospital, pesando la mitad de lo que normalmente pesaba, traslúcida como una vela.

La instaló en la casa de la meica, tan íntima de la enferma que ésta, cuando estaba sana, se iba a pasar con ella el día de descanso de su compañía, y a la hora de la oración mantenían largas conversaciones llorosas, en voz baja, sobre asuntos ajenos al circo y a la fábrica en Chiguayante donde la dueña de casa trabajaba. Aunque la Bambina era descreída, había consentido en ser madrina de la hija de la meica, de padre desconocido. El cura la quería bautizar como María de la Piedad, pero consintió finalmente en bautizarla como Magaly, que era el nombre que le gustaba a la artista.

—A mi ahijada voy a criarla para contorsionista —decía la Bambina desde antes que la Magaly cumpliera cinco años; y cuando iba a visitar a su amiga, se pasaba buena parte de la tarde enseñándole a manejar sus músculos, a controlar su respiración como debe hacerlo un profesional, iniciándola en las pruebas más simples de una artista.

La meica vivía en una casita de tablones, en una población obrera al poniente de la ciudad. Todas las mañanas tomaba la micro a las seis para ir a trabajar en una fábrica de tejidos muy grande, cerca de Chiguayante, en el extremo opuesto del pueblo. La Magaly tenía once años cuando, por unos pocos pesos, la meica aceptó como pensionistas al Mocho y a la Bambina, para que la enferma convaleciera tranquila y tuviera fuerzas para decidir qué iba a hacer con su vida. Cuando la meica se iba a Chiguayante en la mañana, la Magaly, que era muy despierta, se encargaba de atender a la pareja.

A Arístides le estaba costando mucho decidirse a obligar a la Bambina, frágil como había quedado, a encarar la realidad. Pero una mañana, cuando la meica ya había partido a su trabajo y la Magaly había salido corriendo a una feria donde, decían, los productos eran mucho más baratos que en la feria de al lado de la casa, no pudo dejar pasar la oportunidad de estar solos en la minúscula pieza de la Magaly para soltarle la verdad. La Bambina gritó tanto que una vecina se asomó para preguntar si la enferma había sufrido una recaída. Arístides corrió el ineficaz visillo para poder seguir tratando de explicarle las cosas con algo de reserva a la convaleciente. ¿Con qué quería que pagara las cuentas del medio pensionado, las transfusiones de sangre, la penicilina, los doctores, la Unidad de Tratamientos Intensivos —que era un verdadero robo—, si no liquidaban el capital invertido en el circo? ¿Con qué...? Que le dijera con qué, ella que presumía de ser tan realista. Al fin y al cabo, siguió perorando, no tenía a nadie más que a ella misma para culpar por haberse enfermado. Su íntima, la meica, le había advertido que un embarazo a sus años era no sólo una rareza como para que la estudiaran en la Escuela de Medicina, sino un verdadero milagro que no se veía desde Santa Ana, y por lo tanto ningún cuidado era suficiente. ¡Y a ella se le fue a ocurrir hacer piruetas que le tenían prohibidas! Que se dejara de leseras: pensar en armar otro circo era una locura. ¿No se daba cuenta de lo que costarían los altoparlantes, los kilómetros de maroma, los adelantos de sueldo que pedirían los cautelosos artistas antes de pensar en contratarse, para no decir nada de los distintos ajuares para cada integrante de la compañía? ¿O quería que a sus años se pusieran a hacer números en las ferias, o de noche en las esquinas de la ciudad, con el Florín y un poco de pintura para la cara, que era lo único que les iba quedando? ¿Realista ella...? ¡Que lo dejara reírse! No grites, Mocho de mierda, maldito sea el día en que te conocí... eres un macho bruto, me diste un empujón y entonces sentí ese dolor que casi me mató... tú tienes la culpa, tú, por no prohibirme hacerlo: ¿para qué te sirve tu famoso vozarrón, para qué te sirven tus músculos, si no me inmovilizaste para que no siguiera haciendo tonterías? Mira cómo estoy... cómo estamos.

Esperó a que los gritos y las acusaciones amainaran un poco: entonces pudo preguntarle, con la voz tiritona de ira y de miedo, con qué quería que siguieran viviendo. Dejó transcurrir unos minutos de silencio mientras la Bambina trataba de rehuir la respuesta, perdiendo su mirada a través de la neblina del visillo, confundiéndola con la gente que pasaba por la calle.

Fue sólo entonces que Arístides le dijo la verdad entera: que lo había vendido todo para pagar las cuentas; que lo habían contratado para cuidar el Pabellón de los Urízar; que le habían ofrecido en venta un bar muy bien ubicado frente al mar. La Bambina gritó: ¿estás loco? ¿Quieres que me vaya a enterrar en la tumba de un pueblo de mala muerte, con olor a carbón y a pescado podrido en las calles, donde a cada rato voy a tener que dar explicaciones, quién soy y de dónde vengo y con quién estoy casada, ahora que ya no puedo decir que soy artista y no tenemos cartelones y luces y altoparlantes que me anuncien...? Es lo mismo que me pidan que me vaya a vivir al desierto, sin agua y sin nadie con quien hablar. Lo que quieres es que me muera de soledad y aburrimiento...

—A mí me conocen —le gritó de vuelta Arístides para cortar sus lamentaciones—. Todos allá me conocen sin que tenga que andar diciendo nada. Fíjate qué casualidad: me andaban buscando...

Le contó que ya había firmado contrato para ir a hacerse cargo del parque y del Pabellón. Dentro de poco iba a tener que comenzar su trabajo. Si quería seguirlo, bueno, ya está, que lo siguiera, los dos estaban acostumbrados a los gritos y las pataletas. Allá al menos tendrían algo que echarle a la olla... y si no quería seguirlo, bueno también, y chao... era cuestión de que eligiera entre irse con él o morirse de hambre. Su padre había vivido en el Pabellón. Los señores querían que siguiera con el trabajo de su padre. Era lindo el parque, linda la vista y todo, y como no se podía decir que el sueldo era mucho, la Empresa misma se las había arreglado para que le vendieran el bar a muy buen precio. De repente ella dejó de lamentarse. Lo miró de arriba a abajo con sus ojos transparentes, secos:

—Me da lo mismo que sea lindo. ¿Cómo pagaste?

—Vendí las cosas del circo. Pagué el pie para el bar con lo que me sobró después de pagar la cuenta del hospital.

—¿Cómo?

Arístides entendió la pregunta y le mostró el poder notarial. Ella se puso los anteojos pero prefirió que él se lo leyera: al oírlo, lanzó un gemido tan penetrante como el que había lanzado la noche cuando hizo el número de la Araña y se enfermó. De un zarpazo le arrancó el papel y terminó de leerlo:

—¡Ladrón! ¡Hijo de puta! Esas cosas eran mías —y mientras lo increpaba a gritos, iba rajando el poder en pedacitos muy pequeños, que le tiró en la cara mientras Arístides se reía. Terminada la destrucción, él se quitó un papelito que como una mariposa se le había posado en la solapa, y dijo:

—No sacas nada con romper esa copia. El original quedó archivado en la notaría.

—Si firmé algo, firmé cuando estaba enferma, privada de discernimiento. Voy a contratar a un abogado para meterte pleito. Quiero que te sequen en la cárcel por estafador.

Pero no le metió pleito. No lo dejaba dormir en su cama, ni siquiera entrar en su cuarto, de modo que Arístides tenía que pasar la noche en un pedazo de alfombra que les había quedado del circo, en un rincón del suelo del comedor, donde la Magaly, que lo quería mucho, lo acomodó. Durante diez días la Bambina no lo dejó entrar en su dormitorio ni quiso saber nada de él. Pero mientras pasaba el tiempo, Arístides, que no era tonto, y la Bambina, que tampoco lo era, se dieron cuenta de que la meica estaba ahogada con ellos en esa casa minúscula: no tenía donde recibir a sus clientes —que muchas veces eran para callado—, más que en su propio dormitorio, ahora lleno con la cama de la Magaly. Arístides siempre estaba rondando por el comedor o despaturrado en una silla, llenándole la casa con el humo de sus cigarrillos.

Llegó el sábado en que la Magaly cumplió doce años. Se le veían dos tetitas, apenas más grandes que picadas de zancudo: así le dijo la Bambina cuando la niña entró para que la felicitara y se las mostró, dejando la puerta abierta.

—¿Qué quiere que le regale su madrina, mijita? —le preguntó la Bambina, como si dispusiera de los millones de Arlequín.

La chiquilla no titubeó en su ruego:

—Que el domingo hagamos un picnic al pueblo, y que vayamos a conocer el bar del tío Arístides.

—Es mi bar. No es de él.

—Ya, pues, madrina. Hagan las paces y vamos. No sean pesados.

La Bambina no respondió. La Magaly salió al comedor para llevarle su petición a Arístides, que pareció quedar impasible frente a sus monerías. Pero después de un rato de silencio, la Bambina oyó su carcajada:

—¡Miren qué diabla esta chiquilla! Mueve el traste igualito al Florín cuando está contento y quiere pedir algo. Hasta parece que la Magaly echara las orejitas para atrás... a ver, pichita, toma, baila... mueve el traste...

Arístides oyó a su vez la risa repentina con que, después de mucho tiempo, la Bambina acompañaba la carcajada:

—¡Qué leso! ¿La Magaly va a poder echar las orejas para atrás...?

El Mocho se paró en la puerta del dormitorio, un brazo quebrado con el codo en la jamba, la mano sosteniendo el dintel muy bajo:

—Pasa... —le dijo la Bambina con la cara todavía llena de risa.

Arístides entró. Se sentó en el borde de la cama, ambos todavía riéndose, animando al perrito y a la Magaly para que continuaran el baile y se hicieran merecedores del paseo prometido. La Bambina lo tomó de la mano. Él le contestó a la Magaly, cuando ésta le preguntó si iban a hacer las paces:

—Tú, ándate a jugar por ahí y cierra esa puerta, mira que hay corriente de aire y tu madrina se puede resfriar.

Y se quedaron toda la tarde del cumpleaños

de la Magaly haciendo las paces y no hubo paseo. La Magaly no se fue: abrió la puerta un poco y por el resquicio se quedó mirando cómo hacían las paces los grandes.

Al día siguiente, de muy buen ánimo, los cuatro y el Florín tomaron el tren de la mañana para el pueblo y, en cuanto llegaron, bajaron a la playa.

Las tres mujeres —la Magaly, la meica y la Bambina— quedaron encantadas con el bar. La meica llegó a tanto que propuso arrendarles las piezas de atrás, las que formaban el cañón que se abría al descampado, porque la casa era demasiado espaciosa para ellos dos solos. Se podría instalar allí para que la Magaly creciera junto a su madrina, aprendiendo su profesión. Después del entusiasmo, claro, tuvo que echarse para atrás: Chiguayante quedaba muy lejos y no era cuestión de dejar su trabajo y perder tantos años de imposición en los Fondos de Retiro. No era mucho, pero era todo lo que tenía. La Bambina en ningún momento le había hecho caso al delirio de ese proyecto, porque estaba entusiasmada con la idea de Arístides de colocar un gran cartelón que dijera Bar «La Bambina» sobre la puerta. Le pidieron al que atendía el bar, que no era el dueño, que les mostrara hasta el último rincón de la casa, así es que no tuvieron tiempo de subir al parque, prometiéndose que al domingo siguiente volverían para conocer ese famoso palacio de tanto interés turístico.

La historia del restablecimiento de la Bambina fue larga y poco interesante. La Magaly insistió tanto en irse a vivir con su madrina, con vista al mar, que la meica tuvo que regalársela a su comadre. La Bambina la trataba como a una hija. Pero cuando un par de años después descubrió que, poco antes de cumplir los quince, con su ágil traserito de fox-terrier y sus tetitas que no prosperaron gran cosa, había seducido al Mocho, la condenó a trabajar en el bar y se la entregó al primero que quiso acostarse con ella por unos cuantos pesos que se embolsó. Aunque el bar estaba a nombre de Arístides, lo echó de la casa: ¡que se fuera a vivir al Pabellón! Después, cuando a la Bambina se le fue pasando el rencor y quiso que volviera al bar —ya no tenía su nombre: en el acceso de rabia con ocasión de la pelea, le quitaron el cartelón y, como el bar no era bar, nunca llegaron a sustituirlo por otra enseña ni otro nombre—, el Mocho le dijo que no: la Empresa prefería que su residencia fuera en el Pabellón, y en todo caso a él le gustaba su independencia: pasaba sus noches donde la Bambina, al amanecer echaba a los últimos clientes y se volvía a dormir al Pabellón, donde se levantaba al mediodía siguiente para vigilar el trabajo.

De usar a la Magaly como cebo para captar la clientela de mineros nocturnos, la Bambina pasó a traer más mujeres, refugiadas de los topless de provincias o sirvientas que encontraban demasiado humillante esa forma de dependencia. Eran chiquillas que se arrancaban de su casa porque la madre les pegaba, o porque el padre no las quería por ser hijas de otro padre. Y para la hija de la meica fue una transición fácil, más una consecuencia necesaria que un verdadero cambio, el dejarse usar por los mineros semiborrachos que, de vez en cuando, cada vez menos —se corrió la voz de que la Magaly estaba tan flaca porque era tísica—, se la llevaban para las piezas que daban al descampado.

Pero la meica se murió antes de que la Magaly cumpliera dieciséis años, y como su amiga íntima le había prestado ciertas sumas que jamás fueron

devueltas, la Magaly pronto se confundió con las mujeres transitorias de la casa, semisirvientas, semiprosti-
tutas, lavanderas, cocineras, meseras, que servían a las
órdenes de la tiránica patrona y del Mocho que, como
siempre, volvió a hacer las paces con su pareja. El epi-
sodio con la Magaly quedó sepultado en la leyenda de
la casa, velado por sucesos de mayor importancia en su
historia.

Sexta parte

Cumpleaños

23

La Bambina estaba casi ciega. Lo poco que veía, lo veía como a través de un velo, y el Florín y la Magaly tenían que ayudarla a movilizarse. La chiquilla se había hecho grande, hacía bastante tiempo que echaba cuerpo de mujercita... un cuerpo bien utilizado por los parroquianos nocturnos de la Bambina.

Muchos chismes sombríos corrieron en esa época por la casa de la Bambina, considerada ya el prostíbulo principal de la zona. Misteriosamente, la Magaly había vuelto a ser la regalona de la dueña de la casa... y cuando cumplió dieciocho años, su madrina le ofreció lo que se le antojara. La niña le pidió que festejaran todas las mujeres de la casa con un picnic y un paseo a la playa del Chambeque, que sólo algunas conocían.

Las regocijó tanto la brillante idea de la chiquilla, que pasaron unos cuantos días aprontando el festejo, comprando sandías y melones, haciendo pan amasado, humitas y pastel de choclo, y terminaron preparando un cleri con duraznos y un borgoña con frutillas como refrescos para el día en la playa. Fueron tantos los chillidos y las órdenes de la Magaly, mandando que bajaran esto o aquello, o que cargaran esto o lo de más allá, que las mujeres se confundían y nada quedaba como ella había ordenado.

Rodeando al Mocho vigilante y protector, las mujeres —tanto las amigas como las empleadas y las putas— salieron en alegre revoltijo rumbo al mar. En el trayecto no tuvieron problemas. Habían temido que, paradas en sus umbrales, las señoras del pueblo les gritaran insultos alusivos a su profesión; en cambio, sólo le lanzaron felicitaciones a la festejada. Unos cuantos amigos, de los que en la noche solían aparecer para «ocupar» a alguna de las asiladas, las ayudaron a transportar sus bártulos a la playa. Clavando cuatro estacas en la arena, extendieron a modo de toldo la sábana blanca de la Bambina. Después los hombres se fueron para no molestarlas: que las mujeres se divirtieran a su aire, hablando cochinadas donde ellos no tenían nada que meterse. Bajo el toldo se instaló la Bambina, papal como bajo un baldaquino, la Magaly dándole aire en la cara con un soplador, como a una cortesana, para que el sol no le estropeara el cutis. En torno a ella, innecesariamente pudorosas, las mujeres se escondieron para cambiarse los vestidos por trajes de baño.

Partieron las sandías y destaparon el cleri, dando vuelta sus abundantes traseros y tirándose la pelota de cascos de color mientras comentaban las delicias de los baños de mar y de sol. Se untaban con un bronceador pegajoso. La arena se les pegoteaba, negruzca, manchando sus nalgas, y alguna pepa de sandía, negra como un escarabajo, remontaba por sus carnes sobreabundantes. Saltaban chillando para atrapar la pelota de colores, simulando así un poco de juventud y jugando a ser infantiles con su estridencia.

Alejada, y por la orilla del mar, vagaba en silencio una chinchorrera canosa y chascona, pescando el carboncillo de las olas con una tétrica red negra. Miraba los juegos con seriedad y desde lejos. Lenta y avejentada, su figura tenía una melancólica inclinación de fatiga. Nadie se preguntó quién podía ser: era una chinchorrera, nada más, de las que apenas tienen con qué comer. Sin embargo, el Mocho no pudo dejar de mirarla. Esa mujer era del mar, del carboncillo y la playa. Era todo lo que el Mocho conocía de toda su vida. No pudo dejar de mirarla y mirarla, como con un catalejo, innecesario porque la tenía tan a la mano.

La chinchorrera vagaba, chascona y desaliñada, pescando el carboncillo de las olas con su red negra como la muerte —así le pareció al Mocho—, negra como su pasado. Y en silencio y observando los juegos con seriedad y desde lontananza, se quedó con los ojos fijos en ellos.

¿Por qué tenía esta mujer, lenta y avejentada, el poder —sí, era poder, se dijo el Mocho— de fijarlo como en la redoma de su catalejo? No, no era de ella el catalejo: era suyo, suyo, y durante años lo había usado para mirar el mar y a las mujeres que pasaban por el horizonte. Ésta parecía demasiado vieja. Era una chinchorrera nada más, de las que suelen pulular durante la noche en los piques clausurados por antiguos derrumbes. Sin embargo, el Mocho no pudo rechazar un fogonazo: esa mujer le recordaba a la que viajó con él en el tren a Lota, la primera vez, y se bajó a su lado en el andén. Tenía el mismo olor a carbón, y él adivinó el mismo tacto de su ropa, como si se deshiciera entre los dedos. Se metió las manos en los bolsillos para buscar el catalejo. No estaba.

De pronto se dejó caer el chaparrón helado que se venía preparando. Las mujeres empapadas corrieron a refugiarse ineficazmente bajo el toldo transido por el agua que corría. Hacinadas, un cuerpo mojado pegado al otro, miraban llover sobre el mar y la arena, tiritando y con sus minúsculos trajes de todos colores pegados al cuerpo como otra piel floreada. Chillaban como una bandada de queltehues. Las mujeres intentaban librarse del agua que las sopeaba. Alguna se quitó el traje de baño para secarse más fácilmente. Otras salieron corriendo, con la pelota bajo el brazo, porque era de ellas, rumbo a la casa para protegerse allí. Daban diente con diente. Por sus cuerpos corría el agua. Se quejaban de la mala suerte. ¡Que se les hubiera aguado un paseo que emprendían tan rara vez! En las pozas que se formaron, navegaban trozos de cáscaras de sandía. Y cuando amainó y quiso salir el sol, el Mocho se quitó el pañuelo mojado con que cubría su cabeza y se puso un pañuelo seco, muy grande, anudándolo en las cuatro esquinas, con la ayuda de la Magaly y de la Bambina.

Las mujeres fueron saliendo de debajo del toldo. La chinchorrera canosa, junto al Mocho, exhalaba un olor como a relleno mojado. ¿Era olor a relleno mojado? Lo curioso era que este olor a relleno tenía una especie de trasfondo, un peso del que no podía desligarse. ¿Era un olor a relleno o era un olor a vidrio, a cristal...? Pero, ¿tienen olor los cristales? ¿Cómo era posible que esta mujer lo enfocara a él con todo el cristal de su atención? No, era olor a carboncillo.

La chinchorrera, entonces, sacó de un pliegue de su indumentaria una peineta y, para secarse las canas, comenzó a pasársela por su greñas hasta dejarlas erizadas. Las mujeres, más allá, jugaban nuevamente a la pelota o a la brisca. En la arena ya casi seca tejían, y gritaban, echando carreras en la playa, tratando de secarse con el sol recién nacido mientras otras se habían marchado a la casa, furiosas con la traición del clima que les había estropeado el paseo: aunque ya no llovía y había salido un poco de solcito, todo seguía empapado, goteando. ¿Por qué tenía olor a vidrio la chinchorrera? ¿Era posible que le hubiera robado el catalejo, su pobre catalejo que ya no veía, su catalejo ciego que ya no servía para nada, ni para observar desde lejos a las mujeres dotadas de pechos y nalgas abundantes?

El Mocho no pudo abandonar a la chinchorrera, como si su fetidez lo inscribiera, como a un prisionero, dentro de su desagradable circuito. Se acercó a ella. Las mujeres se disponían a marcharse. La observó sacudirse la melena, que parecía haber crecido poniéndose más hirsuta y fragante. Los sucesivos pases de la peineta le inflaban el pelo ya seco. Arístides fijó un minuto su vista sobre ella. Fue como si la mujer, mágicamente, le hubiera transferido la posesión de su cristal a él, y esto lo hizo verla enorme de repente:

—¡Eres la Elba! ¡Elba!

—¿Quién? —preguntó la Magaly.

—¡Elba! ¿Tú eres la Elba?

—Sí, soy la Elba.

—¡Qué vieja estás, chiquilla!

—Claro que es la Elba —dijo la Bambina.

Y abrazándose los tres, porque habían pasado años sin verse, se sentaron en la arena, enhebrando largas charlas de pura nostalgia: que la Cuca... que el Vicente Norambuena... que el Santito... y claro, el pobre A. había muerto hacía tanto tiempo —mucho antes que Antonio y que tu suegro, Elba—, pero estaba tan enfermo que ya ni pena daba.

Todos teníamos algo de que quejarnos, pese a que yo no me quejé mucho porque todo mi dolor está inscrito en mis facciones apagadas, en mi miseria, en el secreto de mis canas que han aumentado... Elba, por Dios, estás hecha una vieja, tienes que venir a la casa, yo te tiño las canas para que te veas un poco menos anciana, que con tus canas me echas a mí muchos años encima.

El Mocho la veía enorme, como si no quisiera ni supiera desprenderse del cristal del catalejo que la tenía prisionera. Junto a ellas, aspiraba y resoplaba para no sentir el olor de la Elba, ese mismo olor a carboncillo de todos los habitantes del pueblo, con su polvo mineral que lo impregnaba todo. La Elba dijo que ella, quién sabe cómo, no sólo sabía de la muerte del A., ocurrida hacía tanto, sino también de la muerte de casi toda la gente que ella, de chiquilla, había conocido en el pueblo.

El Mocho era un hombre distinto ahora. Después de tantos años con los artistas, y luego trabajando para los señores en el Pabellón, se había pasado un tiempo organizando desfiles, marchas, protestas. Su corazón no pudo soportar los asesinatos perpetrados por los militares. Cuando supo que habían apresado a Vicente Norambuena y lo tenían en la cárcel, y que después, amarrándole un riel al cogote, lo fondearon en lo más hondo del mar, no pudo soportarlo. ¡Fuera, abajo, malditos sean!, gritaba el Mocho. Claro, comentó él, comentó ella, comentó la Bambina, quiso comentar la Magaly pero la hicieron callar. Nadie tenía qué comer en aquellos tiempos, se estaba terminando lo poco que los milicos dejaron del pobre pueblo. ¿Cómo soportar que al Nelson Villagrán lo hayan llevado al fondo de un viejo pique y lo fusilaran allí, dejando su cuerpo para que se pudriera o se secara o se lo comieran las alimañas?

Hacía un buen tiempo ya que el Mocho no era hombre de la Empresa. Durante años la Bambina estuvo convenciéndolo del odio contra los ricos. Hasta que el Mocho desdeñó su propio pasado en el convento: las misas, las bendiciones, las campanillas, las vinajeras. Sí, ella había pasado demasiados años convenciéndolo del odio contra los ricos, y fue tan eficaz que el Mocho no sólo abandonó la religión, sino que le quedó un odio parido por la Empresa, por los culpables de haberles quitado el circo. Todos los artistas estaban dispersos ahora. ¿Por qué obedecer a los señores, ellos que habían tenido trabajo, un trabajo de burros, es cierto, pero en su propio circo, donde él y la Bambina eran por lo menos los empresarios? Somos independientes, no queremos, la Bambina y yo, darles plata a los ricachones, deslomándonos para que ellos junten millones mientras el resto del pueblo nos hacemos más y más pobres.

De vez en cuando nos comemos un conejo cazado en el monte o un manojo de uvas robado en una parra cualquiera. Sí, el pueblo se fue para abajo. ¿Cómo impedir que una chiquilla como la Magaly se enamoriscara de barbones y peludos como los que veía en el cine ahora, como los chiquillos que veía corretear con el pelo en el aire alrededor de la plaza? ¿Cómo no odiar a los que matan a la gente como uno, si no tienen la suerte de alcanzar a huir a otro lado, donde otros milicos pueden atraparlos, encarcelarlos, matarlos? La Bambina recordó a la Elba con su gran mata de pelo negro, como era antes, en los tiempos cuando la Bambina no necesitaba ni a la Magaly ni al Florín para que la condujeran por los vericuetos del pueblo.

Eran otros tiempos y corrían otros aires. Ella sentía las faldas agitarse con el viento entre sus piernas, cuando podía moverlas libremente: estropajo era ahora, pordiosera, flaca, pálida y con aire hambriento, y casi con lágrimas en los ojos de pura rabia y compasión.

Le preguntó a la Elba:

—¿Viven en la misma choza del Chambeque donde vivían antes, con el abuelo y con el Toño?

La vista del Mocho se nubló. Quería el catalejo.

El catalejo, para poder mirarlas, para poder verlas como las veía antes. ¡Ahora las veía poco!

—El Toño... Hace mucho tiempo que no sé nada de él.

—¡Tan delicado ese niño! Tú, tanto que lo cuidaste y te preocupaste de él. ¿No te acuerdas, Elba, de que fue por el asunto de los murciélagos que te largó a la muerte de Antonio? No quiso volver al Hogar después de que falleció su padre, el Antonio. ¿Te acuerdas de él, Elba, te acuerdas, tan hombronazo que era, cómo hacía gritar a las mujeres en la cama?

—A mí jamás me hizo gritar, sólo de miedo. En todo caso, recuerdo que fue por los murciélagos, cuando falleció el abuelo y nos quedamos solos, solos, abandonados, sin nadie a quien recurrir... Arístides era nuestra única compañía: nos miraba con su catalejo desde la puntilla del parque y era una especie de amigo. ¡Amigo! ¡En fin, no sé si amigo!

—¿Dónde se fue el Mocho Chico?

La memoria del Mocho Grande se extraviaba definitivamente en busca del catalejo, se perdía entre las rocas, entre los montones de carboncillo, buscando obsesivamente ese instrumento que había olvidado un día en la playa.

—¿Dónde está el Toñito ahora? —insistió la Bambina.

—En el convento. Después de que murió el abuelo, no quiso salir de ahí nunca más. No quiere salir. No le gusta afuera, dice. No quiere saber nada ni de la mina ni de la pesca. Quiere quedarse para siempre con los curitas.

—Yo tampoco quise tener nada más que ver con los curitas... Ni con el pobre A. —dijo el Mocho, acercándose—. Cuando uno es joven, no tiene corazón:

uno va adquiriéndolo poco a poco mientras se va haciendo viejo y le van pasando cosas, y el corazón ya no se aguanta y uno quiere exclamar «ay, ayúdenme», pero no lo exclama porque uno es tonto cuando chico y tiene orgullo. Después va aprendiendo otras cosas. ¿Le dicen el Mocho Chico? Qué divertido... Hace los mismos trabajos que hacía yo cuando era mocho, antes de que tú me conocieras, Bambina. Y ahora me acuerdo: una vez que quise ir a traerlo para que viviera conmigo, me preguntó si estaba loco, cómo quería que yo viviera con él en este pueblo inmundo, con olor a carbón y a pescado. Al Toño lo que le gusta son las casullas, el dorado, las campanillas y los cantos. Y me dijo, cuando lo fui a ver, que yo le daba vergüenza, que todos los del pueblo andrajoso le damos vergüenza y que no quiere volver a vernos nunca más, ni saber nada de nosotros. Que me fuera, me dijo.

—¡Qué pena!

—¿Cómo, qué pena? ¡Chiquillo de mierda, mal agradecido! ¡Después de todo lo que has hecho por él! ¡A él debiera darle vergüenza! ¡Habráse visto! ¿Te acuerdas, Elba, de cómo te hacía sufrir armando esas peleas terribles entre tú y Antonio...?

Se quedaron rememorando los cerros, la bahía, la playa, Chivilingo, el famoso catalejo y los paseos por las calles mal iluminadas del otoño, y el pan amasado y las empanadas de horno de las comadres y la figura prócer del abuelo, que no temía gritar, llamar, coalicionar, reunir, empuñar viejas escopetas, preparar bombas con el material robado de los estallidos de las minas. Y los murciélagos en enjambres peligrosos y los largos paseos en tren a Curanilahue cuando estaba a punto de llover. Las chiquillas —que no habían conocido esto, sobre todo la Magaly—, ya más secas, habían vuelto a jugar a la pelota en la arena. Otras se habían tendido en la playa, escuchando en la radio las canciones de moda de esa temporada.

—¿Vamos a tomar un tecito a la casa? —invitó la Bambina a la Elba.

—Vamos.

Séptima parte

Los jureles

24

Hace como tres meses que el Mocho Chico les dijo a los curitas que le dieran permiso para ir a pasar los domingos en la tarde en la casa de la Bambina. Se efectuó la tercera visita y se quedó. Tanto para el Mocho como para la Bambina —que siempre creyeron que el Mocho Chico los despreciaba— fue una sorpresa muy agradable este antojo del muchacho.

Tiene ahora una urgencia tan repentina y extraña, que es como si se hubieran borrado de su memoria los curitas con sus campanillas y sus paramentos. Pero, con todo, el Mocho Chico no se ha despojado del hábito. Desde que emprendió sus excursiones a la casa de la Bambina, ella se desvive por atenderlo lo mejor posible. Ya es casi un habitante de la casa: el Mocho Chico comprende que, a la muerte del Mocho y de la Bambina, quedará como dueño del prostíbulo y hará lo que quiera con él... aunque todavía no tiene pensado qué va a hacer.

A la hora en que comienza a llegar la clientela, y aparecen los borrachos y las putas, se mete en la cocina, donde está caliente, y se enzarza en largas conversaciones con las mujeres. Muy pronto se hace amigo de ellas. Ni el Mocho ni la Bambina comprenden este cambio del Mocho Chico. A todo esto, el Mocho Grande le había regalado al Mocho Chico lo que quedaba del catalejo: resortes, cristales, tornillos, ruedas, toda una confusión de piezas. Ya no tiene vidrio y no se ve nada con él: no sé sabe para qué puede servir. Sin embargo, el Mocho Chico espera poder arreglar ese instrumento alguna vez. Arístides se queda mirando un poco al hijo de la Elba y de Antonio. ¿Por qué, por qué salió tan igual a él, que ni siquiera tocó a la Elba? Pero sus cuentos, narrados en el aire humeante de las fogatas, pueden haber llevado algún hechizo. Sin embargo, ni él ni la Bambina comprenden este cambio, a no ser por un tardío despertar de sus hambres sexuales: tiene dieciocho años y ya es tiempo.

—¿Por qué será? —se pregunta Arístides.

—Por todo el asunto de la familia debe ser —dice la Bambina.

—Pero no somos una familia, tú y yo. No estamos casados por ninguna ley.

—Pero es que yo soy puta.

—No seas tonta. ¿Qué tiene que ver?

En el comedor, el Mocho Chico prende la radio. Se reclina sobre el alféizar de la ventana para mirar la lluvia que cae sobre el mar. Conversa con las putas ociosas que cosen o tejen, les pide que le remienden el hábito.

La Magaly lo tiene embrujado, eso es lo que concluyen el Mocho y la Bambina, y lo dejan pasar, pero no sin sobresalto. El Mocho Grande quisiera ser dueño del telescopio ahora, pero ya no lo tiene, para poder mirarlos y poderlos entender. En todo caso, se está allí no más, disfrutando de la pereza o dormitando. El Mocho Chico jamás reclama por nada ni exige nada: una taza de té de vez en cuando, no más, o que renueven el carbón en el brasero y le presten un poncho para sus rodillas cuando sopla el cierzo afuera.

La Elba se queda en la casa de la Bambina, viviendo allí. Lava y plancha, y ayuda a hacer la comida, las camas y el aseo. Barre y pasa el plumero y el trapo: soy indispensable en esta casa, tanto la Bambina como el Mocho me quieren, soy buena para conversar y recordar las cosas de antes que compartimos, nos entretenemos murmurando sobre el pasado. Dejamos que pasen los pensamientos, volando como nubes en el recuerdo. Tenemos tanta historia juntos: el pueblo, la mina, el Pabellón, Antonio...

¿Te acuerdas, Mocho, de cuando yo te pillaba mirando a la Elba por el catalejo y me daba un berrinche tan grande que agarraba todo a patadas y lo rompía todo? ¡Ah, pero entonces éramos jóvenes y teníamos el ánimo exaltado! En fin. Y murmurando sobre el pasado logramos atrapar la vaguedad de los pensamientos presentes. Aquí fue donde murió el Antonio Alvayay. Aquí había unos montones de fierro, ahora descartados, y más allá unos fierros activos que sonaban de día y de noche sin parar. Aquí se venían a bañar las chiquillas cuando eran jóvenes, aquí estaba la casa de la Empresa... Aquí tantas cosas.

A veces, durante sus gotas de charla, pasean juntos por la playa y por las dunas y visitan lo poco que va quedando del Pabellón y de las minas, y cada cual recuerda detalles que los otros han olvidado.

Un día el Mocho tiene una sensación mágica: señalando el cielo con un dedo, sigue la dirección de la nubes, del viento y del frío. Dice que miren, no se lo pierdan, el cielo está precioso, lleno de pescados plateados que navegan por el azul, agitando sus colas en el aire y luciendo entre las nubes la platería de sus escamas.

Nadie le creyó ni una palabra al Mocho —era un loco, un visionario; desde joven, cuando trabajaba en el circo, lo había sido—, pero todas quisieron ver los pescados nadando en las nubes y siguieron su dedo que señalaba como si persiguiera sus visiones por el cielo de acero. Hacía frío, el viento levantaba los vestidos de las mujeres, encumbrando las nubes platinadas, cambiando el color y la luz y sus formas, según de dónde soplara la travesía. Producía distintas formas sobre los cerros —un perro que ladra, un árbol que se cimbra, un palacio, una terraza, una torre, un techo de tejas mojado por la lluvia—, que cambiaban de aspecto y color. Negro, verde, plateado, azul, en las tardes cuando todos los colores son tan variables, inasibles, disueltos, sin nombre: no es posible fijarlos. Pero era hermoso contemplar los atardeceres de invierno aunque nadie hasta ahora hubiera hablado jamás de los jureles que navegaban por el cielo.

Esta vez, sin embargo, al mirar, más de alguien le creyó al Mocho. ¿Que no veían las nubes puntiagudas, las aletas agitadas, los ojos brillando, traficando entre las nubes? Los jureles eran comida, la de todos los días, fritanga o caldillo, y no materia de la fantasía. Las chiquillas de la casa estaban entreteniéndose con las nubes que eran pescados, y la Bambina admiraba los detalles ictiológicos que el Mocho le iba proporcionando, tan veraz su apariencia que hasta ella misma, incrédula y semiciega, se vio transportada. El Mocho, entonces, entusiasmado, quiso organizar esa misma tarde, porque era una tarde preciosa, una excursión a los cerros de Chivilingo para contemplar desde allí todo este prodigio: eran nubes móviles, atléticas, musculadas, con las aletas despiertas y los ojos tan luminosos que parecían más vivos que todo el paisaje que los rodeaba.

—Vamos, chiquillas, vamos a divertirnos a Chivilingo, que es desde donde hay mejor vista, vamos aunque tengamos frío, aunque tiritemos y estemos un poco húmedas, la Cuca siempre está un poco húmeda y todas están bastante resfriadas ya, Elba, pero estamos todas transidas y aunque tiritando con el viento no quisiéramos salir pero vamos a salir de todos modos y no hay quien resista el llamado de los jureles desde el cielo, ni el llamado del Mocho. Todas, finalmente, se pliegan felices a la excursión a los cerros de Chivilingo donde están las tumbas de los pescadores. Llevan chales y pañuelos, pero a medida que suben, exponiéndose al viento, se van arrebozando, echan mano de abrigos, y todas van volviendo, una a una, a la casa de la Bambina, que era el lugar más protegido, con sus piezas grandes, aunque cerradas.

La primera que volvió fue la Magaly, porque era flaca y friolenta.

—Me carga —exclamó, y corriendo a la casa se guareció inmediatamente debajo de su frazada, sin siquiera mirar para afuera por la ventana. No ver ni un solo rajón de luz era lo mejor, y allí se escondió tiritando.

Desde la oscuridad de la casa abandonada, cuando todavía no habían encendido las lámparas de carburo, ni habían llegado los demás, una silueta sale a encontrarla.

—¿Eres tú, Magaly?

—¿Qué haces aquí, Mochito?

—¿No reconoces mi ropa?

Encendiendo la lámpara para ver mejor, la Magaly dibuja la silueta de un hombre vestido con falda.

—No. Es la primera vez que te veo vestido así...

—¿Te da miedo?

—¿Quieres un té y una hallulla caliente? —pregunta ella, sin hacerle caso.

—¿Por qué no?

La Magaly le gritó a la Cuca que preparara un

té y tostadas, y se sentó al borde de su cama para conversar con el Mocho Chico del tiempo, de la lluvia, del frío maldito que estaba haciendo.

El Mocho Chico y la Magaly se quedan hablando un rato en la gran casa vacía. Ella le ofrece otra taza de té con más pan, y se sirve lo mismo para ella. Mascan al mismo ritmo, sonriendo juntos en silencio. Escuchan el crujir de los panes en sus bocas y el Mocho Chico, entonces, después de una sonrisa muy especial de la Magaly, la toma por la cintura, la besa en la boca y ella lo besa a él. El silencio de la casa se les pega a sus besos y se quedan allí, haciendo el amor —porque tienen hambre y frío y están solos— en el fondo de la casa de la Bambina, hasta que sienten abrirse y cerrarse las puertas de calle, y entonces se visten rápido y salen a acoger a las chiquillas.

De ahí en adelante, hacen el amor siempre que pueden: cuando la casa está vacía, en la mañana antes de que los demás despierten, o en la noche muy tarde, cuando la Bambina y el Mocho, que ya están viejos y se cansan, se sienten demasiado agotados para seguir mirando la televisión y prefieren apagarla y dormirse. Pero la Magaly y el Mocho Chico también terminan quedándose dormidos. Y cuando están todos dormidos, el Mocho se levanta y en la punta de los pies va hurgueteando los cajones y dando vuelta la casa a ver si encuentra el catalejo: era su visión, sus ojos, los ojos de los demás... todos los ojos.

Al cabo de unos meses de amistad, el Mocho Chico y la Magaly, después de paseos juntos, de idas al cine, de conversaciones hasta tarde en la noche y de subrepticios episodios eróticos en la playa, o entre las rocas, o en un rincón de la casa, deciden que lo que más ansían en el mundo es casarse.

No sabían muy bien qué era eso, ni para qué lo querían, ya que ni uno ni otra tenían arrestos místicos, ni conocían la experiencia de la paternidad y la maternidad, y menos la experiencia de una familia que murmura, calentándose alrededor de las brasas. Pero pese a su ignorancia, se querían casar porque sí, porque querían casarse.

Una noche se lo dijeron a la Bambina y al Mocho. Ambos se enfurecieron y agarraron a patadas las lámparas, y los arrinconaron para pegarles y castigarlos. ¿Estaban locos? ¿Con qué iban a vivir? ¿Qué era toda esta fantasía, toda esta farsa de matrimonios? ¿Era el vestido de novia lo que la tenía encandilada, y la corona de azahares? Bueno: ni una cosa ni la otra. El Mocho y la Bambina se habían pasado años de años juntos sin necesidad de certificados. La verdad es que adentro, muy adentro, de algún modo, la Bambina sentía una profunda y dolorosa envidia por la Magaly. ¿Por qué se cree más que una? Esta chiquilla se cree mejor que yo porque no es puta. ¿Por qué no tenían una guagua, por qué eso no les bastaba para estar como estaban? Mientras tanto, el Mocho alegaba de la pobreza del peculio del Mocho Chico para emprender esta aventura que significaba tantas obligaciones. Las chiquillas de la casa, en cambio, se pusieron felices. ¡Un matrimonio y probablemente un niño en la casa! ¡Cómo cuidarían el embarazo de la Magaly, con qué cuidado le harían su ropa y le pondrían sus arreos de novia a la muchacha! Pero la Bambina no quería saber nada del asunto. Era todo una farsa y sanseacabó.

Hasta que un día, acezando de deseo y amor, el Mocho Chico y la Magaly decidieron huir de la casa. Arreglaron sus pocos bártulos, se vistieron con sus mejores ropas, el Mocho Chico cambió su ropa sacerdotal por otra menos vistosa, y partieron en el tren de Cura-nilahue. Pasó mucho tiempo sin que nadie los viera ni supiera de ellos: la Bambina lloraba día y noche, no só-lo por la Magaly, sino porque su amiga la meica había confiado en ella para que hiciera de la niña una artista, y el fracaso de todo el asunto estaba en esta manía del matrimonio y en la desaparición de la pareja. Y el Mo-cho alegaba que todo era una venganza contra él, que él era la víctima, que no sabía en qué sentido había he-cho mal, que el Mocho Chico había hecho siempre lo que había querido y ahora desaparecía sin dejar rastro. ¡El Mocho Chico era un desgraciado y que ni preten-diera volver a la casa! ¡Si volvía le rompería el catalejo en la misma crisma y sanseacabó!

25

Las mujeres no se preocuparon de dónde andaba la pareja: era una pareja, así, como Dios manda, y era asunto de ellos. Era cosa de esperar. Pero cuando comprobaba que no eran la Magaly y el Mocho Chico los que venían de la mano, a la Bambina le daba el consabido berrinche.

Un día que estaba a punto de llover, los vieron allá, afuera de la casa: era evidente que no habían estado haciendo nada malo. El Mocho le dio la noticia a la Bambina, y suspiraron porque ya estaban cansados.

—¿Qué están haciendo ahí?

El Mocho Chico, satisfecho, respondió:

—Pajareando.

La respuesta dejó satisfecha también a la Bambina. Traían los zapatos mojados, las medias empapadas, los calcetines hechos una sopa. Sin embargo, estaban muy bien y muy contentos. La Magaly seguía con la mirada los dedos del Mocho, que señalaban los peces que se deslizaban por el cielo resbaloso y húmedo.

—¿Qué están haciendo ahí?

—Mirando los pescados.

—¿Qué pescados?

—Mis pescados —dijo el Mocho Grande.

La Elba y el Mocho decidieron hacer la excursión a Chivilingo a ver los pescados del Mocho. La Bambina, que se había quedado en la casa, salió a la pulpería y se quedó hablando un rato que se prolongó, contándole a la pulpera por qué había regresado el Mocho Chico.

El Mocho Grande y la Elba siguieron camino. Vieron la curiosa luz apergaminada en que se suspendía la tarde, como en un suspiro gris. La lluvia no se resolvía a caer. Caminando por la arena hacia Chivilingo, la Elba y el Mocho hicieron recuerdos de la torre morisca que en otro tiempo agraciaba con su silueta las rocas de más allá de la caleta, y de los estruendosos fierros de alta complicación mecánica, ahora inertes. La gente murmuraba que los habían vendido para que se llevaran su estruendo a otra parte, quién sabe adónde y para qué. La torre... esa torre incompleta, inexistente, llena de agujeros, de muros sin construir, suspiraba ella, imaginándola inscrita con todos sus detalles y su elegancia sobre la playa. Ya no había torres así. Los hombres habían olvidado cómo hacerlas. En cambio, construían puentes como el de Carahue, que no servían para nada.

Cuando llegaron a medio camino de la playa, a la roca negra, fétida de murciélagos —la Elba ya ni recordaba los detalles del incidente con su cabellera—, comenzaron a remontar el cerro por entre las ramas de los pinos fragantes, afirmándose uno en el otro para no resbalar en las agujas secas. Se tocaban. Se sentían. Pero no se sentían como antes. Ya estaban viejos y nada significaba nada. Arriba se encontraron con las conocidas tumbas vacías, que no contenían cuerpo alguno, pero con una cruz que rememoraba a un amigo, o un nombre que reconocieron. También examinaron la crucecita de madera pintada color verde mar que la Elba había plantado allí después de la muerte de Antonio. Pero sucedió lo que a menudo sucede en la costa: uno se queda dos minutos con la vista fija en los cerros

del interior y el secarral, observando los campos deso-
lados, y pocos minutos después se da vuelta hacia el
mar otra vez y encuentra que todo está luminoso, verde, plateado. La Elba le dijo al Mocho:

—Me quiero ir ya.

—Llevemos carbón.

—Vamos, ven.

—Falta el tren de Curanilahue.

—No, vámonos ya.

—Esperemos.

—Quiero volver...

—¿Tienes miedo?

—Miedo, no. ¿A qué? Pero quiero irme.

—Bajemos, entonces.

Y comenzó el descenso, que disfrutaron mirando cómo nadaban los jureles en el verde ácido de
los pinos, cómo navegaban en el cielo y se zambullían
y volvían a aparecer siempre plateados entre las ramas
verdes. Cuando llegaron abajo ya estaba completamente oscuro. No quedaba más que el roce de las ramas secas en la noche y el Mocho pensó en el suave roce de
los muslos de las mujeres de otro tiempo al caminar. La
Elba quiso saber cómo iban a poder llegar a la casa con
esta oscuridad, e incluso se preguntaba si sería posible
la hazaña. El Mocho opinó que lo mejor sería esperar
un rato sentados en la roca de los murciélagos, hasta
que pasara el tren. El tren los ahuyentaría. Era bueno
que los dos fumaran. Sacaron cigarrillos de su ropa y
los encendieron.

El tren de Curanilahue a Lota es extremada-
mente lento, porque siempre lleva una pesada carga de
carbón que destella en la noche. Es tan lento y pesado
que allí, en los últimos vagones clamorosos, se montan
los que en la zona llaman «los perros»: chiquillos que

con un saco al hombro suben a robar carbón a los vagones en marcha. Llenando esos sacos de grandes piedras minerales, vuelven a saltar del tren en movimiento o les tiran el carbón a los compañeros que los aguardan corriendo abajo, persiguiéndolo. Todo este carbón, y se trataba siempre de las piezas más grandes y más pesadas, lo vendían a los comerciantes que los esperaban a la llegada del tren.

La Elba y el Mocho aguardaron cerca de una hora. Hablaban poco porque era como si ya hubieran agotado durante el paseo todo lo que tenían que decirse, y no les quedara más tema que un gran espacio vacío y el eco de lo que ya estaba dicho.

Cuando pasó el tren, el paisaje entero quedó tiznado de carboncillo. Daba pitazos el tren, llenando la atmósfera de un humo que, sumado a la oscuridad de la noche, hacía imposible ver nada. El Mocho montó en el vagón de cola; había sido «perro» de niño, de modo que tenía experiencia. Llenó su saco con carbón mientras el tren seguía en movimiento. La Elba corría acezando al lado de los rieles. El tren, por algún motivo desconocido, esa noche iba un poco más rápido que de costumbre. La Elba iba gritando espérame, espérame, pero se quedaba atrás.

—Mocho, Mocho, me quiero subir —gritaba.

—No —le contestó el Mocho desde arriba—. Las mujeres no hacen este trabajo. Tú apúrate y anda llenando ese otro saco.

La Elba insistió: no quería dejarlo irse, no quería quedarse atrás. Y agarrándose de los fierros del costado de la locomotora, intentó subirse con la máquina a todo vapor. No quería quedarse sola para siempre. Gritaba aterrorizada. Tenía los nudillos blancos, el rostro igualmente blanco, pero no soltaba los fierros del tren. Con los ojos desorbitados, articulaba gritos y chillidos de terror. El Mocho, furioso, intentó desprender los dedos de la Elba de los fierros del tren. La mujer gritaba que ella hacía lo que quería, y lo que quería ahora era subirse al vagón. Dándole un tirón salvaje, el Mocho trastabilló y con el traspié cayó en la línea del tren. Los pasajeros sintieron como un ruido de carnicería. Las ruedas le cortaron las piernas y él quedó aullando en un charco de sangre. La Elba no se dio cuenta inmediatamente de la situación y todavía gritaba que ella hacía lo que quería... La locomotora fue parando lentamente. Gritaba el Mocho y gritaba la Elba a medida que el tren se iba deteniendo. Se había armado un revoltijo de gente: mujeres que lloraban, niños que eran apartados para que no vieran. Alguien, ante los gritos del Mocho, intentó acoplarle las piernas cortadas, pero se las ponía al revés.

Era necesario llamar a una ambulancia, médicos, gente que supiera. Que la ambulancia viniera rápido, el Mocho se iba a ir en sangre, y su sangre era espesa y púrpura como el vino. Esperaron lo que les pareció una eternidad, con la rueda de gente alrededor del Mocho, todos gritando, intentando consolarlo o hacerlo callar. Pero era inútil, los gritos subían y subían... ¡Qué mierda esto de estar tan lejos de un sitio civilizado, qué maldición!, se lamentaban los espectadores al ver que el Mocho se estaba yendo en sangre. Desesperadas, las mujeres le sacaron la camisa empapada, pero fue inútil intentar restañar la sangre: la camisa quedó tirada en la arena terrosa e inmunda. Cuando llegó la ambulancia, había perdido el conocimiento. En la máquina, junto a la locomotora, unos hombres se peleaban echándose la culpa unos a otros. Las mujeres lloraban a gritos. Alejaron a los niños pequeños. Alguien, como lo hace siempre la gente pobre, se puso a encender un fuego, muy débil, nadie sabía para qué. Cuando lo echaron arriba de la ambulancia, el cuerpo estaba casi sin vida. Dejó todo manchado de sangre, y sin embargo era sangre que no fluía.

—Se murió.

—Sí, se nos murió.

—Ay, pobrecito.

Cuando la ambulancia partió, dejando una polvareda en la noche, quedó solamente una nube púrpura en el aire... o tal vez sería sólo en los ojos de los espectadores.

26

Mucho tiempo después, dicen, se podía ver en la capital a un cuchepo —que podía ser el Mocho— pidiendo limosna en la calle. Se movía apenas, impulsándose con las manos y dándole un gran movimiento de vaivén a su cuerpo. Llevaba siempre unos cuantos pesos mendigados sonándole en el bolsillo.

Los transeúntes lo veían con los ojos blancos, como de pescado, mirando el cielo de vez en cuando y escudriñando el aire y el viento, y se preguntaban por qué el cuchepo aquél —mágico, hechicero, brujo— tendría visiones de las que a nadie hacía partícipe... porque decía ver figuras, objetos, cosas inscritas en el cielo. Sí, era un cuchepo mágico, reflexionaban los transeúntes que lo conocían de vista. Algunos lo saludaban de lejos, pero no se atrevían a acercarse porque les daba miedo; sobre todo, los niños. ¿Sería verdad lo que se murmuraba, que el cuchepo andaba detrás de una mujer maldita que le había cortado las piernas, y que buscaba vengarse de ella? En todo caso, arrastrándose con las manos, sus palmas ensangrentadas, dándose impulso con el vaivén del cuerpo, no parecía que pudiera llegar muy lejos.

En la esquina de Pedro de Valdivia con Providencia, en Santiago, el cuchepo se había convertido en una figura muy popular. A veces la gente se detenía, un poco desde lejos, para observarlo: cómo se movía, cómo se desplazaba, cómo se subía o se bajaba de una micro, de un bus, de un colectivo. Todos sabían que se llamaba Jacinto Rojas Terán. Tenía la cara hinchada y roja, cubierta de cicatrices secas que lo deformaban y escribían una especie de notación de la desgracia en sus mejillas, en su nariz, en su boca. Sin embargo, no era un rostro desagradable: los ojos le brillaban a veces de manera pícara y eran verdes, como de roto malo. Tenía todavía casi todos sus dientes, y muy blancos, y cuando una mano generosa le daba más dinero de lo esperado, Jacinto sonreía de una forma en que lucía sus dientes y hacía destellar sus pupilas.

No se sabe por qué todo el mundo le decía «el Mocho». El Mocho mágico. El Mocho maligno. De noche perseguía a las viejas en la calle, gritándoles cosas. Esperaba a los niños a la salida de la escuela. Si le tenían temor, no era porque él tuviera ciertos aires eclesiásticos —aunque lo seguía a todas partes un olorcillo a vino que siempre lo rondaba, permaneciendo adherido durante días y días a su ropa miserable—, sino porque alguien había echado a correr la especie de que en el pasado había sido cura... De eso le quedaban sólo su manera untuosa de hablar, un vocabulario más abundante que el habitual y una misteriosa elegancia al dejarles el paso a los niños mientras escudriñaba sus rostros. Pero esto lo hacía solamente para que cruzaran la calzada antes que él.

A veces acudía a hablar con él una mujerona alta y corpulenta, de grandes pechos, como inflada, vestida con colores chillones. Esta mujer lo seguía, como implorándole. Pero el cuchepo la echaba:

—¡Ándate, puta de mierda!

—Pero, Mocho...

—Lárgate, te digo, si no quieres que llame a los carabineros y les diga cualquier cosa de ti.

Después, alguien lo vio alguna vez en un circo

de barrio haciendo piruetas: saltaba sin piernas, rodaba como un rodillo por el suelo, hacía imitaciones con su voz ronca, caminaba con las manos. De esa manera lucía toda su gracia: era la época en que el cuchepo, vestido con los jirones de un disfraz colorado, fue el protagonista de uno de los números preferidos del circo.

Después de la función, sosteniendo diestramente un platillo entre los dientes, recorría la galería y los balcones pidiendo limosna. Su platillo se llenaba pronto, porque todos le tenían cariño al pobre Mocho, y a veces les gustaba charlar con él y hasta hacerle bromas pesadas. La gente lo quería, o bien le hacían gracia al público sus maneras cortesanas y sus morisquetas.

La cosa es que una tarde la Bambina asistió a una función de circo para contemplarlo —aunque casi no veía— desde la platea. Después se fueron juntos, hablando. Ella no podía evitar el recuerdo de sus propias pruebas circenses, y con su corazón roto de nostalgia se sentía fuera de toda función. Pensaba que, claro, ya estaba demasiado vieja para las pruebas... pero mientras vislumbraba como entre nieblas al cuchepo que evolucionaba ágilmente sobre sus manos en el aserrín de la pista, no podía dejar de recordar, una y otra vez, sus propios triunfos profesionales: sobre todo la famosa Araña Contorsionista, rutilante de lentejuelas verdes, realizando sus bailes, anudando y desanudando su cuerpo ante los aplausos estremecidos del público, que no entendía cómo podía ser... La Bambina llevaba entonces una corona de brillos verdes en la cabeza, largos guantes verdes y brillosos, zapatillas de charol verde. Pero de todo eso hacía ya mucho tiempo. Quién sabe dónde estaban, qué se habían hecho todas esas prendas. Ahora no era más que la dueña de una modesta cocinería en los barrios de extramuros —llamada, naturalmente, «La Araña Verde»—, una cocinería que atendían la Magaly y el Mocho Chico, disfrazados de escoceses con unos trajes que la Bambina ni recordaba ya dónde los había obtenido.

La Magaly y el Mocho Chico, debido a su falta de peculio, se sentían capaces de hacer toda clase de números, lo que les pidieran, lo que les exigieran, con tal de poder refugiarse en el escuálido calor de la Bambina... que, casi ciega y todo, seguía siendo como una madre. Sabían muy bien que la Bambina no tenía mucho tiempo más para vivir; cuando muriera, «La Araña Verde» sería de ellos.

La Magaly tenía dos niños, y el Mocho Chico, ya harto, los azotaba a veces para que se callaran. Pero en la noche, con los dos niños en la cama del lado, se quedaban hablando horas y horas acerca de qué iban a hacer con la cocinería y qué destino podían darle.

Buscando que te busca, en la playa y entre las rocas, la Magaly había encontrado trozos del catalejo de Arístides. A veces, cuando el Mocho Chico estaba dormido, se lo aplicaba a un ojo para mirar por él. ¡Qué catalejo! Para qué podía servir, si no era más que una porquería. Sin embargo, no lo tiraba y lo guardaba en el fondo de un cajón. Pero en ese vidrio había un ojo, un ojo que lo veía todo, y para la Magaly era como si tuviera la fantasía de ver, casi de tocar, los pinares del sur, el palacio, las minas, a la María Paine Guala, a la Canarito, a todos los personajes que ella no conoció... y así abandonaba el mundo estrecho de la cocinería para dejarse llevar al sur. Y no tiraba el catalejo a la basura, como había sido su intención al rescatarlo del fondo del cajón, sino que lo volvía a guardar para otra noche de insomnio.

La Elba —el cuchepo se la tenía jurada, y por Dios que haría realidad su promesa— prefirió finalmente desaparecer. Pese a que sentía que su vida no valía ni un céntimo, tenía miedo. Una familia norteamericana, para la cual había empezado a trabajar como sirvienta, la lavó, la peinó, le estiró su melena... Remozada, la Elba partió con ellos a Estados Unidos: tierra, tierra, nunca habría demasiada tierra entre ella y el cuchepo. Quién sabe qué vida la esperaría allá, pero sería mejor que ésta. Acá había terminado por vivir en el terror constante de la venganza del Mocho. Y, pensándolo bien, no podía ser de otra manera: para qué habrían sucedido todas estas desgracias, por qué tuvo que quedar lisiado el pobre Mocho, que había sido un artista estupendo... Lo veía reducido ahora a pedir limosna con el platillo entre los dientes, como un perro.

Antes de partir a Estados Unidos, solía ir todavía a verlo a la calle, o a un teatro, en medio de otras personas que ella no conocía. Y escondiéndose lo seguía. ¿Y si hablara con él? ¿Qué podía decirle? ¿Podrían charlar como antes y recordar el Pabellón y la mina? ¿Sabría contestarle, sabría de qué le estaba hablando, o con el tiempo se le habría borrado el pasado completo? ¿Estaría completamente transformado en un limosnero que depende de la caridad de la gente que pasa por la calle? ¿Para esto habían muerto, entonces, el abuelo, y Antonio Alvayay, y Vicente Norambuena, y Nelson Villagrán? ¿Para esto habían quedado todos encerrados en el derrumbe negro del pique grande? No, era preferible no hablarle y recordarlo tal como había sido en otro tiempo: un ser superior —superior a ella, por lo menos—, un artista creador que imaginaba sus números a medida que los iba encarando.

Un anochecer, la Bambina fue arrollada por

un auto... Había salido de «La Araña Verde» con el corazón pesado de vergüenza y de nostalgia. Ésta no era vida para ella, que había nacido para otra cosa. Ella era artista, artista de circo, amante de los brillos, las pruebas difíciles y las contorsiones más complicadas... ¿y en esto había terminado todo?

Parada en la esquina, estuvo esperando por si pasaba la micro que la acercaría a su casa. Cientos o miles le parecían los agresivos vehículos que la rodeaban por todas partes y se obstinaban en pasar antes que ella. Pero ella estaba todavía envuelta en la luz verde de sus mostacillas, que reflejaban el mundo entero con un esplendoroso sol verde. ¿Por qué los autos iban a pasar antes, si ella era verde... con un vestido precioso que por desgracia ya no existía? Estaba tan embebida en sus sueños, tan torpe en su ceguera, tan abstraída en sus recuerdos —eran lo único que le importaba—, que sin darse cuenta de lo que hacía intentó cruzar la calle entre el enjambre de autos que no veía porque estaba ciega... Un auto pasó demasiado cerca de ella, rozándola. ¿La perseguía el auto a ella o ella al auto? ¿Quién era el enemigo de quién? La Bambina estaba demasiado ciega para equilibrarse, y el roce del auto la volcó sobre el pavimento.

La gente se arremolinó para ayudarla a ponerse de pie. Un cuchepo gritaba pidiendo auxilio, por favor, auxilio. ¿Quién era ese cuchepo?, se preguntaba la gente, ¿qué tenía que meterse en una cosa así? Y la contorsionista quedó tirada en medio de la calle, oyendo los gritos del cuchepo, rodeada de gente, con todos sus huesos rotos —sus huesos, que habían sido su instrumento de trabajo y de creación— y pensando, si es que podía pensar, que todo era por la culpa del Mocho. Él había venido siguiéndola —así como la Elba lo seguía a él— tras verla salir de la cocinería, y en una esquina presenció cómo el auto atropellaba a la Bambina: era una venganza, un ajuste de cuentas... ¿Sería ésta su manera de hacerle pagar todas las cosas malas que ella le había hecho... robarle plata, irse con otros hombres por temporadas enteras, en fin, todos los errores de su vida? Pero se puso a gritar desesperado, pidiendo auxilio, aullando... y como era chico y deforme, la gente no le hizo caso.

A las pocas semanas, apenas la Bambina fue capaz de discernir alguna idea —los huesos todos quebrados por la fragilidad de su vejez—, lo primero que pensó fue: no voy a poder ser artista nunca más. Ya no me van a aplaudir, ya no voy a poder ser contorsionista, ya no voy a poder bailar como la procaz Bambina. Sí, ya nunca más podría oír los los vítores, ni sentir el suspiro de asombro en la galería, ese sobrecogimiento de suspenso durante el mágico momento de creación, cuando grandes y chicos se abisman ante las proezas del artista: tendría que dejar para siempre de ser la Bambina.

Este libro se terminó de imprimir
en el mes de agosto de 1997,
en los talleres de Editorial Antártica S. A.,
ubicados en Ramón Freire 6920,
Santiago de Chile.

O 6/99-6/99